INTERPRETAÇÃO, PAIXÕES E DIREITO

Régis Fernandes de Oliveira

Interpretação, paixões e direito

O SENTIMENTO TRÁGICO DO DIREITO E SEU IGNORADO ASPECTO FENOMENOLÓGICO

Estante de Direito

São Paulo, 2019

Interpretação, paixões e direito: o sentimento trágico do Direito e seu ignorado aspecto fenomenológico

PREPARAÇÃO: Pamela Juliana de Oliveira Silva
CAPA: Bruna Casaroti
DIAGRAMAÇÃO E REVISÃO: Equipe Novo Século

Texto de acordo com as normas do Novo Acordo Ortográfico da Língua Portuguesa (1990), em vigor desde 1º de janeiro de 2009.

Dados Internacionais de Catalogação na Publicação (CIP)
Angélica Ilacqua CRB-8/7057

Oliveira, Régis Fernandes de
Interpretação, paixões e direito: o sentimento trágico do Direito e seu ignorado aspecto fenomenológico / Régis Fernandes de Oliveira. -- São Paulo: Estante de Direito, 2019.

1. Direito 2. Fenomenologia - Direito 3. Direito - Filosofia I. Título

19-1760 CDD-340.1

Índice para catálogo sistemático:
1.Direito – Filosofia 340.1

Alameda Araguaia, 2190 – Bloco A – 11º andar – Conjunto 1111
CEP 06455-000 – Alphaville Industrial, Barueri – SP – Brasil
Tel.: (11) 3699-7107 | Fax: (11) 3699-7323
www.gruponovoseculo.com.br | atendimento@novoseculo.com.br

Ao leitor

O trabalho que ora se apresenta a público contém uma série de perturbações que acudiram ao autor. Há verdadeira babel na interpretação da linguagem jurídica. Os fatos, os confrontos, os conflitos pessoais e sociais vão se sucedendo ao longo da vida de cada ser humano. São perturbadores. Normalmente, há incompreensão. Interesses se chocam. Não ficam claros. Intérpretes, analistas, estudiosos, juízes e juristas se debruçam sobre o acontecimento e não o compreendem, ou o entendem de forma equivocada.

O presente texto busca dar um caminho. É a via correta? É a senda adequada? Há palavra final sobre alguma coisa em termos interpretativos?

Não. O texto busca soluções, procura desvendar segredos, tenta descobrir a praticidade. Parte-se da ocorrência do fenômeno e de seus perfis. A partir daí traz para o campo jurídico os afetos, os sentimentos humanos. Eles têm força no direito. Sem eles não é possível compreender o que se passa no mundo do direito.

Em suma, lei e sentimentos se misturam. Isso causa espanto e desdém em quem não lê o trabalho. Arrisco: leia e entenda que há muito mais coisa entre o céu e a terra do que sonha nosso conhecimento jurídico, diria Shakespeare, se pudesse.

SUMÁRIO

CAPÍTULO I

O PENSAMENTO E A INTERPRETAÇÃO

I. Introdução. Aristóteles: O justo e o equânime

Há tempos o Direito vem necessitando de uma nova visão que o coloque na dimensão que deve ter nas modernas sociedades. Supomos que o positivismo é visão ultrapassada do Direito, mesmo porque não resolve uma série de problemas, assim como a teoria dos sistemas, que deixa de fora as emoções humanas. Falar também em suas três dimensões é questionável (fato, valor e norma). O pragmatismo é tentador, mas deixa de oferecer base firme para sua compreensão. O Direito livre não dá segurança ao intérprete.

Por outro lado, há um fator que ninguém considera, mas que parece imprescindível para a boa análise do fenômeno jurídico: as paixões humanas. A maioria das pessoas pensa que se trata de matéria a ser resolvida pela psicanálise ou pela psiquiatria. Nada pode ser interpretado ou estudado sem que se atente para a sua dimensão humana. Homens e mulheres não são coisas, nem animais irracionais, mas entes impulsivos e tangenciados por toda uma gama de afetos.

O ser humano não está só. Vive em sociedade e, como tal, recebe influxos e tensões diárias, seja do mundo, seja dos outros seres. Incompreensões, sentimentos mesquinhos ou nobres, imprevistos naturais, tudo o atinge, fazendo mudar seus sentimentos, de acordo com o momento e a situação.

Limitar o mundo ao sensualismo é reduzi-lo. O idealismo transcendental é igualmente limitador. O primeiro porque reduz o mundo à percepção; o segundo, à interioridade.

De tal sorte que se impõe uma releitura dos aspectos teóricos até aqui expostos pelos autores que cuidaram do tema. Não que se pretenda ter uma solução para problemas muito maiores do que pensamos. Isaiah Berlin,[1] ao comentar Maquiavel, percebeu que todo autor que escreveu sobre ele deu-lhe uma interpretação possível. Logo, convém fazer uma revisão ou uma *desconstrução,* na linguagem de Derrida, do que se tem como acertado até agora. Poderemos então ter, quem sabe, uma visão mais apropriada do fenômeno jurídico. Vale a pena a incursão e a aventura aberta por novos caminhos.

Começamos por pensar o *fenômeno* como um todo, que é sentido e visto por inúmeras pessoas. Cada qual o capta segundo uma perspectiva. São acontecimentos percebíveis por nossos sentidos e mentes, os quais surgem à nossa frente e temos que *interpretá-los*, seja no momento em que ocorrem, seja na perspectiva da memória, sedimentados por conhecimentos adquiridos.

Tudo nos leva à perplexidade. Como captar o fenômeno e traduzi-lo para a compreensão de todos? Devemos, então, traçar momentos gradativos de sua captação, trazê-los ao intelecto e daí extrair uma conclusão plausível. O fenômeno jurídico nunca é perfeitamente determinado, salvo se nos valermos de palavras teoréticas, isto é, que têm um sentido exato. Ocorre que o mundo não é traduzível em palavras exatas, nem mesmo se esgota na linguagem. Palavras vagas e com mais de um sentido é que estão

---

1 BERLIN, Isaiah. *Maquiavel.* Fundação Projeto Rondon (s/d).

no mundo das realidades. Logo, inapreensíveis por apenas um olhar. Narram fenômenos que ocorrem, mas não logram captar um único sentido. Por isso são vagas, isto é, alcançam uma série de fenômenos e interpretações. Esse é o aspecto comum da norma jurídica captadora do fato. A subsunção nem sempre é simples e automática.

O já pensado é um transtorno. Não que devamos desconhecer as lições do passado e de grandes homens que pensaram o mundo. Mas, na medida em que damos por assentadas certas premissas e não as discutimos, aceitando-as como verdades indiscutíveis, nosso pensamento se empobrece. Isso porque os axiomas nem sempre revelam verdades, mas são frutos da solidificação de certas opiniões em determinados momentos históricos. Nada é dogmático. Nada é axiomático.

O mundo muda, os fatos se transformam, os comportamentos se alteram, o "modo-de-ser-das-coisas" se modifica. Aqui prevalece a orientação heraclitiana da mudança permanente de tudo. O mundo não se solidifica, muito menos o pensamento. Este capta os fenômenos e lhes dá novas interpretações.

Impõe-se a liberdade do pensamento criativo. Não devemos nos submeter ao pensado. Respeitar o passado, mas olhando para o futuro. Temos que ser geradores do nosso pensar. Este não se sedimenta. Transforma-se. Assim, estaremos acima da criatura. Não se pode ficar prisioneiro do passado, nem do pensado.

Vamos em busca da análise do que pensam autores antigos e modernos sobre o assunto para identificar caminhos que possam nos levar a uma *razoabilidade* interpretativa sobre fenômenos sociais. É importante analisar tipos de pensamento.

Um ponto que merece ser repensado diz respeito às generalizações que ocorrem no mundo jurídico. Usam-se, com grande facilidade, expressões como *princípios, direitos humanos, direito natural, globalização* etc., a fim de significar que o direito lida com abstrações e generalizações que se verificam inaplicáveis às relações jurídicas. Qualquer discussão cai em generalidades, sem que se explicite o mínimo de conteúdo que possuem.

É comum falar em *direito subjetivo, propriedade* etc. sem que se explicite o que significam. As palavras ficam isoladas e sem sentido. Os juristas, no entanto, exploram-nas em benefício de suas conveniências. O quanto não se fala em direitos humanos como salvação do mundo? Na verdade, são expressões ou conjuntos de palavras utilizadas ao sabor das conveniências de quem as usa.

O que se vai buscar é a incidência da norma positiva no fenômeno, evitando abstrações descabidas. Muitos falam em *princípios*, de forma a significar generalizações que pouco dizem. Há farto material e tinta derramada sobre o tema, mas que pouco resolvem. O que importa é analisar o fenômeno vivido. Este transmite determinado perfil ao observador. É isso o que importa na análise jurídica.

O fenômeno não pode ser captado apenas por um dado. É essencial que a incidência do pensamento sobre ele o abranja de forma integral e não parcial, de modo a compreendê-lo plenamente. Daí o denominado pensamento complexo.

Haveria alguma lei acima das leis positivas? Em *Antígona*, Sófocles questiona as leis eternas que estariam acima das elaboradas pelos homens. Creonte brada pela prevalência de sua ordem, o que é contestado por Antígona, que queria enterrar seu irmão Polinice, argumentando que não foi "Zeus que as proclamou, nem a justiça com trono entre os deuses dos mortos as estabeleceu para os homens".[2] Prossegue:

> Nem eu supunha que tuas ordens tivessem o poder de superar as leis não escritas, perenes dos deuses, visto que és mortal. Pois elas não são de ontem nem de hoje, mas são sempre vivas, nem se sabe quando surgiram.[3]

Eis o confronto. Haveria, realmente, normas eternas e insuscetíveis de revogação pelos homens? Ou são todas as normas, embora abstratas e genéricas, existentes apenas no plano da sua efetividade?

Existiria um plano onde as leis seriam imutáveis? Quem sabe no meio dos deuses, mas não no dos homens.

A interpretação, como se verá, deve levar em conta *valores*, mas a decisão é sempre específica. Propomos uma volta à sabedoria eterna dos gregos. Especialmente à sabedoria aristotélica. Ao cuidar da equidade no Livro V da *Ética* a *Nicômaco* ou, mais especificamente, no item X do Livro V, o sábio grego encaminha a solução do problema. Afirma: "A justiça e a equidade são, pois, o mesmo".[4] Assim, a justiça só se faz no caso concreto, procedendo a uma "função retificadora da justiça legal".[5]

---

2 Sófocles. *Antígona*, Versos 450/453.

3 Ibid., versos 454/459.

4 Aristóteles. *Ética a Nicômaco*, 1137-b10.

5 Ibid., 1137-b13.

Toda lei contém (ou deve conter) características de generalidade e abstração, para alcançar diversas ações-tipo e determinada classe de indivíduos. Embora seja a lei universal, não pode alcançar todas as ações que ocorrem no mundo fático. A realidade empírica é muito mais vasta e infinitamente maior que a captação de comportamentos no quadro da norma legal. O mundo das realidades é inalcançável pela ação abstrativa do homem. Há, pois, descompasso entre os dois mundos.

Como diz Aristóteles,

> Nos casos em que é necessário enunciar um princípio universal, mas aos quais não é possível aplicá-lo na sua totalidade de modo correto, a lei tem em consideração apenas o que se passa o mais das vezes, não ignorando, por isso, a margem para o erro, mas não deixando, por outro lado, de atuar menos corretamente.[6]

O sábio está dizendo que a lei vale e disciplina as inúmeras hipóteses de ocorrência possível, mas não pode alcançar tudo.

Caso pudesse prever tudo, o legislador o faria. Ocorre que há a *impossibilidade material* e também a *impossibilidade jurídica* de prever todos os acontecimentos fáticos. Logo, generaliza. Surge, então, a equidade, como "retificadora do defeito da lei".[7]

Conclui Aristóteles:

---

6 Ibid., 1137, 30/35.

7 Ibid., 1137, 27.

> A regra do que é indefinido é também ela própria indefinida, tal como acontece com a régua de chumbo utilizada pelos construtores de Lesbos. Do mesmo modo que esta régua se altera consoante a forma da pedra e não permanece sempre a mesma, assim também o decreto terá de se adequar às mais diversas circunstâncias. Assim, é, pois, evidente que a equidade é justa e, de fato, até é superior a uma certa forma de justiça. Mais evidente ainda é, a partir daqui quem é equitativo.[8]

A lição do autor condiz perfeitamente com a orientação que pretendemos imprimir à interpretação. Assim, é claro que o direito se vale da linguagem para prever, na norma, os fenômenos. Estes são captados por meio de palavras genéricas e abstratas e atingem uma série indeterminada e indeterminável de fenômenos, dando-lhes uma consequência (sanção). Contudo, ocorre que a justiça só se pode ser aplicada quando o conflito ocorrer entre as pessoas (físicas e jurídicas). Logo, materializa-se a incidência normativa em determinado fenômeno. Não há a aplicação genérica e abstrata da lei, mas ela incide sobre uma situação concreta.

Sobre esse fenômeno real é que incidirá a interpretação. A interpretação não capta a generalidade, portanto, é equivocado falar em conflito de princípios, bem como em sua extensão para aplicar a regra interpretativa. Simplesmente, é o fenômeno captado pelo juiz que será conhecido e sobre ele incidirá sua decisão. Não no conflito interpretativo da prevalência do princípio, mas na intimidade do julgador.

---

8 Ibid., 1137, 30/35.

Num confronto de princípios, como se pretende dizer, entre o princípio da vida do feto e o princípio da vida da mãe, não decorre nenhuma regra, nem se cuida da prevalência de um princípio sobre outro. O que se vai analisar é a ocorrência dramática da sobrevivência da mãe ou a morte do feto. O juiz não fará aferição de qual princípio maior incidirá sobre a situação fática, mas de como capta o fenômeno em sua intimidade e de acordo com os valores que estão em seu conhecimento. Fará aplicação de seus preconceitos, de sua ideologia, de sua religião, de sua leitura, de seu conhecimento sobre o fenômeno.

Nesse sentido, erram aqueles que falam em conflito de princípios. Para o confronto entre as normas, há regras para sua solução, quais sejam: a) anterioridade e b) hierarquia, que desfazem as antinomias. É equivocado afirmar a prevalência de um princípio sobre outro.

É o que Aristóteles tenta demonstrar através da figura da régua de Lesbos. A régua amoldava-se a todas as medidas e aos contornos. É utilizada como expressão de equidade. A figura ajuda a compreensão da matéria ora exposta. O direito não é universal; ele é aplicável aos casos concretos.

O universal pode servir como ponto de referência; jamais como interpretação do direito. Agamben afirma que o direito é *performativo*, identificando-o como ordens, ofensas e garantias. Define o direito como "o âmbito no qual toda a linguagem tende a assumir um valor performativo".[9]

Para decidir, o juiz deve ter em vista o direito posto, bem como os valores universais, mas apenas a equidade dará o limite

---

9 AGAMBEN, Giorgio. *O tempo que resta*. São Paulo: Autêntica, 2016. p. 151.

de sua ação. Ela é retificadora da justiça legal. Como justiça e equidade são a mesma coisa, cabe ao juiz aplicar a lei após ter o perfil do fenômeno.

Em verdade, antes de analisarmos todos os aspectos fenomenológicos do direito, convém fazer incursão sobre algumas formas de interpretar o direito.

1.1. Edgar Morin e Norberto Bobbio: O pensar e o interpretar. O pensamento complexo e o sistemático

Morin trata do *pensamento complexo*. O pensamento deve estar atento a todas as ações, acasos, interações, movimentos etc. "Por isso, o conhecimento necessita ordenar os fenômenos rechaçando a desordem, afastar o incerto, isto é, selecionar os elementos da ordem e da certeza, precisar, clarificar, distinguir, hierarquizar".[10]

Morin continua:

> Não podemos compreender alguma coisa de autônomo, senão compreendendo aquilo de que ele é dependente. O que determina também uma revolução no pensamento, pois o conhecimento implicava achar inteiramente um objeto e pesquisá-lo exaustivamente. Isto ainda é o ideal das teses de doutorado que, em geral, são tão estéreis por essa razão.[11]

---

10 MORIN, Edgar. *Introdução ao pensamento complexo.* 4ª ed. Porto Alegre: Sulina, 2011, p. 13.

11 VEJA, Alfredo Pena; NASCIMENTO, Elimar Pinheiro. *O pensar complexo*: Edgar Morin e a crise da modernidade. Rio de Janeiro: Garamond Universitária, 1999, p. 25.

Por força de vivermos no mundo com todas as suas diferenças e diversidades, somos afetados a todo instante por causas internas e externas, corporais ou mentais. Nada vive sozinho. Morin discorre sobre o *pensamento complexo* e afirma que:

> Nenhum ser vivo pode viver sem seu ecossistema, sem seu meio ambiente. Isso quer dizer que não podemos compreender alguma coisa de autônomo, senão compreendendo aquilo de que ele é dependente.[12]

Constituímo-nos, pois, em um centro de convergência de todas as ações e reações físicas e mentais. Portanto, é sensato que possamos estudar as emoções (paixões) sob a ótica das *reações* e não mais das *afecções*. O mundo nos afeta a cada instante. A ele reagimos de diversas maneiras.

Podemos reagir de forma positiva (alegria) ou negativa (tristeza). Ressalte-se que o que vale é o *impacto* (espanto), ou seja, a forma como o mundo nos atinge. Seria inicialmente a sensibilidade? Podemos afirmar isso para o início do conhecimento, não para a teoria das reações. O conhecimento inicia-se com o sensível, isto é, alguém é tocado pelos sentidos, tendo o que se denomina *conhecimento empírico*; posteriormente, há o processamento da informação recebida que é levada à mente; surge, então, o *conhecimento racional (mental).*

Estamos falando, então, de *reações primitivas.* A partir destas podemos identificar outras, secundárias. O amor, por exemplo, é

12 Ibid., p. 25.

reação secundária e positiva que nos traz alegria. O ódio é também reação secundária e negativa, que nos traz tristeza.

O ciclo de percepção/mente/percepção/mente é uma constante, permanente e imediata. A reação decorre do recebimento da ação pelo intelecto que responde ao estímulo e a ele responde.

O amor significa prazer (o ódio traz dor, mas também pode trazer prazer quando satisfazemos a vingança nele contida), ou seja, aumenta nossa potência de estar no mundo. As *reações positivas* nos afetam positivamente trazendo-nos alegria e prazer. O ódio nos traz dor e tristeza.

O amor vem calcado em *desejo*, que pode conter reação positiva ou negativa. Desejo é falta de alguma coisa. Satisfeito, esgota-se e faz surgir novo objeto de novo desejo que, igualmente quando satisfeito, se exaure. O desejo sexual, por exemplo, desperta no ser apaixonado inúmeras reações. Ao se deparar com o objeto amado, a potência aumenta e atinge seu ápice no orgasmo. Tal afeto esgota-se na ejaculação. O objeto do desejo deixa de existir. Pode até se repetir depois, mas, de imediato, há reação negativa.

O *pensamento complexo* confunde-se com o *sistemático?* Não. O complexo é um amontoado de sistemas. Cada sistema tem regras próprias e um fundamento único. O complexo diverge porque busca o conhecimento em diversas áreas.

Diz Tércio Sampaio Ferraz Júnior que "do ponto de vista da ciência jurídica, o direito aparece, portanto, como um sistema de 'significações normativas'".[13] O autor é bastante claro ao afirmar que a

13 JUNIOR, Tércio Sampaio Ferraz. *Conceito de sistema no direito*. São Paulo: RT, 1976, p. 145.

> inteligibilidade completa da norma jurídica não se dá pela análise lógico-dedutiva dos sistemas formais, mas pela consideração, em última instância, da 'realidade jurídica', na integridade dos seus elementos, do ponto de vista de sua 'forma axiológica absoluta'.[14]

A teoria dos sistemas provém da natureza. É que um ciclo natural gera outro e mais outro e assim por diante, e todos integram o mesmo *sistema*. Estudiosos do direito aplicaram a ele as regras da teoria e entendem que os fatos servem de *inputs* que, alimentados pela máquina normativa, resultam em *outputs,* ou seja, soluções dadas pelo sistema de normas.

Falar em sistema significa explicitar uma ordem, uma ordenação, um conjunto de elementos conectados. Significa que, ao falar em sistema normativo, explicita-se o conteúdo do que se quer dizer. O referencial é a norma. Apenas a norma realiza a completude do sistema. O que não estiver contido na norma não é direito. Bobbio diz que

> quando nos perguntamos se um ordenamento jurídico constitui um sistema, nos perguntamos se as normas que o compõem estão num relacionamento de coerência entre si, e em que condições é possível essa relação.[15]

14 Ibid., p. 151.

15 BOBBIO, Norberto. *Teoria do Ordenamento Jurídico.* 10ª ed. Brasília: UnB, 1997, p. 71.

Nesse sentido, o sistema jurídico é fechado. Não posso inserir um novo elemento. Se o fizer, quebro sua unidade. Se insiro paixões no sistema, ele já não dá resposta alguma.

Diverso é o pensamento de Morin ao se referir ao pensamento complexo que é, como se vê, mais abrangente.

No direito, então, o que nos interessa: a *norma* ou o *ser humano?* Está claro que o que nos interessa é o fenômeno como um todo. Nele se vê envolvido o ser humano, mas é a norma que dá a dimensão jurídica. São excludentes? É óbvio que não. A norma é parte do todo jurídico, mas não é *o todo jurídico.* O ser humano é o centro de todo raciocínio e o fulcro das preocupações interpretativas. É Badiou quem encaminha a resposta.

1.2. Alain Badiou: O ser humano

Badiou[16] indaga: o que é existir no mundo? É entrar em relação com todos os outros segundo diversos graus de identidade. Na letra do hino "A Internacional" há um trecho que diz "se nada somos neste mundo". Devemos, então, firmar a identidade em relação aos outros. Há, pois, graus de existência.

Há diferença entre ser e existir. O ser é invariável, o existir "pode variar extraordinariamente".[17] No primeiro estásimo (ode cantada pelo coro entre dois episódios) da *Antígona* de Sófocles, está dito que: "De tantas maravilhas, a mais maravilhosa de todas é o homem".

---

16 BADIOU, Alain. *Que signifie changer le monde?*. Paris: Ed. Fayard, 2017, p. 49.

17 Ibid., p. 52.

Assim, devemos fazer recair sobre *o ser humano* toda a nossa preocupação. Impõem-se, aqui, algumas palavras sobre a *antropologia filosófica.* Ela responde à indagação: o que é o homem? Na concepção clássica, o homem é o animal que fala e que é político (vive em sociedade). Na relação antropológica, o homem vive entre homens e deuses. O homem é corpo e espírito. Em *Protágoras*, de Platão (320 c – 322 d), o homem passa a ser o animal racional. Os sofistas impõem o homem dotado de *logos.* Sócrates salienta a existência da alma (*Fédon*) e culmina com o preceito délfico do "conhece-te a ti mesmo".

Platão faz a tripartição da alma (*República*, IV, 436 a – 441 c) em racional, irascível e concupiscível, de onde brotam a sabedoria, a coragem e a moderação. Aristóteles une o corpo à forma. A lógica, a finalidade, o ético-político e a paixão formam o ser humano (*Ética a Nicômaco*, caps. 1-5).

No período helenístico, o homem é o ser-que-sente do epicurismo e do ser materialista do atomismo. Como diz Lima Vaz[18], a ética estoica é "uma ética de virtudes que levam o homem a conformar-se à natureza e a obedecer ao *logos* nela imanente, o estudo das paixões (*pathê*)". O neoplatonismo combina o sensível como essencial no processo de conhecimento com o caráter ativo da sensação.

O cristianismo propõe o homem tendo origem no transcendente. O homem é pensado segundo o ângulo soteriológico. É o que advém de Agostinho ("Confissões") e de Paulo ("Ato dos Apóstolos"). A concepção cristã apresenta o homem como semelhante a Deus.

---

18 LIMA, Vaz. *Antropologia filosófica.* 7ª ed. Rio de Janeiro: Loyola, 2004, p. 43.

O Renascimento introduz a noção de *humanismo* (o homem humano) e da dignidade do homem em si. Com Descartes surge o homem racional (*Discurso do método*). Hobbes vai buscar o homem na natureza (*Leviatã*) e o insere na sociedade e no Estado. Locke (*Um ensaio sobre o entendimento humano*) estuda o homem liberal.

Em Kant, a antropologia prepara o homem para o conhecimento apriorístico do mundo. No Idealismo alemão há a primazia do sentimento sobre a razão. Valoriza o particular que se exprime pelas emoções. Em Rousseau o raciocínio move-se para a natureza e para a sociedade. Em Hegel, o homem é pensado como ser no tempo e na história em seu espírito.

Em Marx, a antropologia assume ares de coisificação do ser humano e, num estágio seguinte, recebe a característica da *existência*. Não é o super-homem de Nietzsche, mas o homem jogado no mundo. É o ser-aí.

É o ser humano que interessa para a interpretação. Qual ser humano? Aquele encontrado no dia a dia. É o homem que sofre o impacto do mundo, que o impacta e que se encontra com o outro. É esse o homem que nos interessa.

O termo *humanidade* assume matiz axiológico. A *civilização* aparece como conteúdo valorativo. O raciocínio passa pelo pensar integral. De um indivíduo para outro e para a coletividade como um todo, chegando ao universal.

O direito só existe em sociedade. Para possibilitar a vida dentro das cidades é que se impõe uma pauta de disciplina de comportamentos, bem como das respectivas sanções. Aquele que infringe a regra deve sofrer a repulsa da comunidade. A maior ou menor gravidade da sanção depende da maior ou menor infração das pautas eleitas pela sociedade para possibilitar a vida em comum. Criam-se normas que devem ser obedecidas. Na hipótese da conduta contrária àquela estabelecida, o ordenamento reage e prevê a sanção correspondente a ser aplicada por órgãos institucionalizados.

Outra aproximação metódica consiste em abrir a teoria jurídica a outras disciplinas e recusar uma visão apenas normativa. Aproximamo-nos da quebra da *inocência perdida* a que se refere Lévi-Strauss. Aproveitamos o *primitivo*, mas avançamos para o *moderno*. Perde-se a noção originária. O mundo moderno é formado de tensões e contradições. Não é possível resolvê-las à luz apenas das normas. É imprescindível o estudo de outros ramos do conhecimento, por meio das lentes de diversas disciplinas.

Se é assim, como entender o comportamento do homem nas múltiplas situações em que ele pode viver? Para isso existe a hermenêutica de Gadamer.

1.3. Hans Gadamer: Hermenêutica e interpretação

Gadamer é quem coloca o problema de pensar a hermenêutica nas mais diversas situações.

Assinala Carlos Maximiliano que hermenêutica não se confunde com interpretação: "Esta é aplicação daquela; a primeira descobre e fixa os princípios que regem a segunda. A hermenêutica é a teoria científica da arte de interpretar".[19]

---

19 MAXIMILIANO, Carlos. *Hermenêutica e aplicação do direito*. 5ª ed. São Paulo: Forense/Grupo Gen, 1951, p. 14.

Algumas observações a fazer: não se pode falar em teoria científica. A hermenêutica é uma técnica (*techné*) de interpretar sem falar em arte.

Todo e qualquer fenômeno e toda questão jurídica dependem de interpretação para sua exata compreensão. Para tanto, há um roteiro a seguir. Em primeiro lugar, o acontecimento empírico (fenômeno) é captado por alguém. Esse fenômeno é captado na situação em que ocorre. Apresenta-se ao receptor sob determinado perfil.

Como não vivemos sozinhos no mundo, outras pessoas igualmente percebem o mesmo fato. Podem percebê-lo de forma diferente (outro perfil). Cada qual formula, então, sua hipótese sobre o fenômeno.

A formulação de algo conforme a razão é a interpretação. Captação pessoal de um perfil do fenômeno. A pessoa busca sua verdade. A linguagem se forma na mente dos receptores. As palavras vêm em conjunto com o pensamento. Não há este sem aquelas.

Quando se cuida de fazer incidir o conhecimento sobre o *direito*, o primeiro movimento é conhecer o fenômeno. Como diz Heidegger[20], "todo perguntar é um buscar". Busca-se a compreensão do fenômeno. É "o que-se-mostra-em-si-mesmo", na expressão de Heidegger[21]. Afirma o mesmo autor: "os fenômenos são então o conjunto do que está à luz do dia ou que pode ser posto em claro, aquilo que os gregos às vezes identificaram com o ente".[22]

20 HEIDEGGER. *Ser e tempo*. Petrópolis: Vozes/Unicamp, 2014. Introdução, parágrafo 2º.

21 Ibid., parágrafo 7º A.

22 Ibid., p. 103.

No direito, a *norma jurídica* capta o fenômeno (não só o fato – porque fenômeno não é o fato, mas o fato significante). A partir daí incide a hermenêutica para dar significação do fenômeno.

Nesse sentido, o positivismo não dá resposta alguma, porque busca equiparar-se à ciência da natureza. O mundo normativo é menor que o fático. Há a captação dos fenômenos por força da subsunção. O recorte normativo opera pela linguagem, a qual, igualmente, é menor que o mundo fenomênico. Daí as dificuldades da hermenêutica.

O subjetivismo igualmente não responde à interpretação, porque alcança apenas uma parte do fenômeno. Equipara-se, aqui, à arte. O gosto não pode ser resolvido pela dogmática. Afasta-se, pois, o esclarecimento do fenômeno pela arte. Surge então o conceito de *vivência*, isto é, a apreensão de algo real, do empírico. Para tanto, há que estar em situação. Gadamer[23] diz:

> o vivenciado é sempre a vivência que alguém faz de si mesmo, e o que ajuda a constituir seu significado é o fato de ele fazer parte da unidade desse si mesmo e conter uma referência inconfundível e insubstituível, com o todo dessa via única.

As ocorrências fáticas ocorrem a todo instante. O homem vive no mundo e está em contato com os outros, do que resulta uma série interminável de relações que, por sua vez, resultam em convergências e divergências. A todo instante, trata-se do *vivido*. No fluxo natural da vida há um permanente impacto com o outro. Por isso, deve-se apreender o fenômeno por meio da interpretação.

23 GADAMER, Hans. *Verdade e método*. 15ª ed. Petrópolis: Vozes, p. 113.

Em síntese, podemos apontar o pensamento do autor que merece atenção e nos identificarmos com os diversos pontos ressaltados. Pensar a *hermenêutica*, ou seja, o movimento de compreensão do projetar-se no fluxo da interação com o texto. Há uma sequência a ser seguida para bem compreender o *fenômeno:*

Primeiro: vivenciar o fenômeno. O conceito da estética é o significado da percepção. A arte não se dobra à realidade. O que vale é o *vaivém* do jogo próprio da arte. O conceito de *círculo hermenêutico* ajuda. A saber, tudo é interpretação, e a objetividade tem *perfis*, o *condicionamento da história.* Assim, o que se busca compreender só é possível dentro de um contexto. Pressupõe conhecimento técnico. Daí por que o leigo não pode apreciar ou emitir opinião sobre o direito.

Segundo ponto: o que se irá interpretar já tem uma interpretação. É o *preconceito* ou *preconcepção.*

Terceiro ponto: a *situação vital.* É o instante em que a situação é vivida pelos interlocutores.

Quarto ponto: a apreensão do fenômeno se faz pela linguagem. Não formal nem apenas entre os interlocutores, mas dirigidas a uma *situação.*

Quinto ponto: quem fala deve ter *autoridade.* O reconhecimento da autoridade afirma que não há ato irracional. Nisso consiste sua essência. Hegel, calcado no Iluminismo, afirma que devemos nos despir do argumento de autoridade. Gadamer discorda. A tradição é parte do conhecimento do objeto (ente).

Sexto ponto: não se pode abandonar o clássico – isto é, o que se subtraiu às flutuações do tempo[24].

---

24 Ibid., p. 381.

Sétimo ponto: É importante igualmente compreender a pergunta, a saber, efetuar uma leitura adequada do texto para poder compreendê-lo. Aqui, a pressa é inimiga da perfeição. Conhecer o texto é fazer com que ele se revele. Logo, não se pode ter uma interpretação verdadeira. O que existem são diversas interpretações. O que importa é buscar a prevalência daquela sobre a qual nos assentamos.

Toda interação é realizada por meio da linguagem. Wittgenstein é um caminho para compreendê-la, embora insuficiente.

1.4. Ludwig Wittgenstein: A linguagem (um só significado?). Bakhtin (ideologia e linguagem)

Wittgenstein estuda o mundo através da linguagem. O mundo é tudo o que ocorre. É a totalidade dos fatos. Posso captar e conhecer tudo pela linguagem. Já o que está fora do mundo – bruxa, por exemplo – não posso conhecer. A linguagem é, pois, o limite do conhecimento.

No *Tractatus logico-philosophicus,* o autor aponta sete proposições em que resume seu pensamento. Sobre o que não se pode falar, deve-se calar é sua última proposição. O problema do autor é que limita o mundo à linguagem, mas sabemos que ocorre o contrário. A linguagem é instrumento de apreensão do mundo, mas nela não se esgota.

Todos os objetos estão em dada relação. A linguagem está relacionada ao mundo. O objeto é seu significado. O nome está necessariamente ligado à existência do objeto. O pensamento é proposição com sentido. O mundo é a totalidade dos fatos; a linguagem, a totalidade das proposições.

Um de seus conceitos-chave é o de *jogos de linguagem*. São atividades públicas que obedecem a regras que compreendem o complexo de ações sobre as quais elas incidem. O conceito refere-se à semântica da linguagem. O conceito pragmático refere-se aos usos que fazemos das palavras nos mais diversos jogos. É o *uso* que determina o significado das palavras. Deve-se levar em conta *as circunstâncias,* o *contexto social* em que a palavra é usada. Aí ela encontra seus limites.

Compreender uma palavra consiste na capacidade de usá-la dentro das circunstâncias em que o campo social pode aceitá-la. Para ser assim há que *seguir a regra*. Saber onde e quando a palavra é usada.

Deve-se fazer, então, a *terapia* da linguagem: o pensamento não correspondente à realidade. A linguagem é fruto das convenções. A linguagem refere-se à realidade. A ideologia é uma forma de *privatização da linguagem*: rotular impede a participação no diálogo.

O erro de Wittgenstein é limitar o conhecimento à linguagem. O mundo é muito maior, nem pode ser por ela delimitado. Além do mais, ela se vê impregnada por significações e ideologias.

Como aponta Genaro A. Carrió[25], as palavras têm diversos significados. A linguagem é um conjunto de símbolos convencionais e seu significado depende de convenção, da situação em que é utilizada, do sentimento de quem a usa, sendo este

---

25 CARRIÓ, Genaro A. *Notas sobre derecho y lenguage*. Buenos Aires: Abeledo-Perrot, 1973, p. 63.

ambíguo e vago. A linguagem adquire significado na medida em que é localizada em dada situação.

É ilusório que cada palavra tenha um só significado. Segundo Luis Alberto Warat e Antonio Anselmo Martino:

> *El mundo se construye en gran medida y de un modo inconsciente sobre la estructura linguística del grupo social, por lo cual su traspaso al plano inconsciente determina una toma de consciencia radicalmente modificadora, profundamente enriquecedora para resolver los problemas específicos de la interacción, la comunicación y la reflexión [...] en el campo jurídico no puede haber significación sin ideologia.* [26]

Para tanto, vale a pena ouvir Bakhtin.

Mikhail Bakhtin (ideologia da linguagem), seguindo Saussure, afirma que a língua é um fato social e se funda nas necessidades de comunicação. A linguagem se expressa por *signos* (representação de uma significação) e todo signo está sujeito a critérios de avaliação ideológica[27]. *A ideologi*a advém da situação criada pelo homem.

Bakhtin acrescenta que

> a palavra está sempre carregada de um conteúdo ou de um sentido ideológico ou vivencial [...] a língua, no seu uso prático, é inseparável do seu conteúdo ideológico ou relativo à vida". [28]

---

26 WARAT, Luis Alberto; MARTINO, Antonio Anselmo. *Lenguaje y definición jurídica*. Buenos Aires, Cooperadora de Derecho y Ciencias Sociales, 1973, p. 20-21.

27 BAKHTIN, Mikhail Mikhailovitch. *Marxismo e filosofia da linguagem*. 14.ed., São Paulo, Hucitec, 2010, p. 14; 32.

28 Ibid., p. 99.

A enunciação do conteúdo é social.

Assim, para que haja transmissão da *mensagem* é imprescindível que a pessoa se encontre *em situação*, ou seja, não apenas perante o *outro*, mas também diante *da coletividade*. O discurso alcança uma série indeterminada de sujeitos. Pelos signos transmite mensagem, a um, a alguns ou a muitos.

Por isso é importante conhecer a relação do sujeito com o outro. É o que vai explicar Lévinas.

1.5. Emmanuel Lévinas: O outro

Lévinas ensina a conhecer o outro. Vai além da fenomenologia, buscando não apenas o que acontece, mas quando reconheço o outro. Sua grande obra é *Totalidade e infinito*.

Lévinas pretende fazer uma reconstrução da subjetividade, tentando superar a relação sujeito-objeto. Descartes encontra o *eu* racional ("penso, logo existo"). Isso dá conta da descoberta desse *eu*, mas não consegue explicar a sua relação com o mundo nem com os outros. Lévinas busca a reconstrução da subjetividade não a partir da vontade racional, mas na relação eu-mundo. Ademais, acolhe o outro e nele busca a noção do infinito.

Sartre já havia cuidado do assunto: "O Outro é o mediador indispensável entre mim e mim mesmo: sinto vergonha de *mim* tal como apareço ao Outro [...] Reconheço que *sou* como o Outro me vê".[29] O Outro é o diferente de mim. O Outro pode ser também terceiro em relação ou a sociedade que me limita.

---

29 SARTRE, Jean-Paul. *O ser e o nada*. 18ª ed. Petrópolis: Vozes, 2009, p. 290.

Descartes, em sua meditação terceira, parte do ser que pensa e atinge a certeza de "que não estou sozinho no mundo, mas que há ainda alguma outra coisa que existe e que é a causa dessa ideia".[30] Para compreender o mundo é preciso admitir uma coisa perfeita, "uma substância infinita, eterna, imutável, independente, onisciente, onipotente e pela qual eu mesmo, e todas as outras coisas que existem (se é verdade que há coisas que existem), foram criadas e produzidas".[31]

Descartes propõe, então, a ideia do infinito e também a de totalidade pertinente à exterioridade do outro. Edmund Husserl busca sair do *cogito*. Supera-se a relação do mesmo, ou seja, o eu relacionado ao objeto. Para Heidegger, o que posso conhecer, superada a ipiseidade, é a relação do eu com o mundo. Daí o *Dasein*. Essa expressão significa que as pessoas devem estar no mundo e em dada situação.

O *eu* vê a totalidade a partir da subjetividade. Só se consegue visualizar as coisas a partir do eu. A teoria fenomenológica supera o eu ao entrar em contato com o mundo. Anteriormente, era só a totalidade do eu. Depois, o eu no mundo (Heidegger e Sartre).

Lévinas[32] supera a totalidade do eu subjetivo e busca o encontro com o outro. Como diz no prefácio: "a ideia do infinito não é uma noção que uma subjetividade forje casualmente para refletir uma entidade que não encontra fora de si nada que a limite, que ultrapassa todo o limite e, por isso, infinita".

---

30 DESCARTES, René. *Meditações metafísicas*. São Paulo: Martins Fontes, 2005, p. 68.

31 Ibid., p. 72.

32 LÉVINAS, Emmanuel. *Totalidade e infinito*. São Paulo: Edições 70, 2008, p. 13.

O infinito não existe antes. Está na relação com a exterioridade que rompe com a totalidade do subjetivismo e encontra o infinito. O *eu* supera o subjetivismo. Reconhece o mundo e o outro. A ideia do infinito rompe com a totalidade e torna possível tal rompimento, porque permite que se afirme que o mesmo e o outro não estão na mesma *totalidade conceitual.*

A coisa se oferece a mim. Mas é seu *rosto* que aponta para a epifania. O fato de ele manter uma relação com o meu *eu* não significa que seja o *eu*. A presença de um ser que não entra na esfera do mesmo fixa o infinito. O rosto recusa meu poder. Diz Lévinas: "A alteridade que se exprime no rosto fornece a única matéria possível à negação total".[33] Daí nasce a *resistência ética*, que é a resistência do que não tem resistência. Não é real.

Segundo Lévinas:

> O infinito apresenta-se como rosto na resistência ética que paralisa os meus poderes e se levanta dura e absoluta do fundo dos olhos, sem defesa na sua nudez e na sua miséria [...] O ser que se exprime impõe-se, mas precisamente apelando para mim da sua miséria e da sua nudez – da sua fome – sem que eu possa ser surdo ao seu apelo.[34]

Impõe-se, então, a relação ética, ou mesmo jurídica. O assassino sente a resistência em face do outro. O rosto impõe seus limites. O frente a frente dirime toda relação mística e fornece

33 Ibid., p. 193.
34 Ibid., p. 194-195.

o rito e a liturgia "onde interlocutores dão por si a desempenhar um papel num drama que começou fora deles [...] Aí reside o caráter racional da relação ética e da linguagem".[35]

O rosto é o outro (o outro, a sociedade, seus órgãos etc.). Impõe-se como autoridade. "Essa representação é a não violência por excelência, porque em vez de ferir a minha liberdade, chama-a à responsabilidade e implanta-a".[36] É a paz. A ação sobre a liberdade é que põe fim à violência, impõe a paz e chama à razão.

O outro é o critério do meu conhecimento. É o que impõe meu comportamento através da ética que deflui da alteridade. O *rosto do outro* muda a manifestação da subjetividade. O outro me dá a mim mesmo, e não filtrado pelo meu eu. Não como objeto, mas como *relação.*

Kant buscou a totalidade por meio da razão. É ela que delimita meu mundo. Só o que está na razão está no mundo. Daí o conceito de totalidade. Lévinas busca quebrar tal totalidade por meio da relação com o outro que me fornece o infinito. O infinito é a ruptura com a totalidade por meio da alteridade. É a epifania do outro que me fornece o infinito.

Assim, o outro é pura exterioridade que supera a posse do mesmo. O outro não pertence ao mundo do mesmo. Abre-se para ele através do *desejo.* Não como desejo de posse, mas como desejo do infinito. As portas abrem-se então para a *cultura*, discutida por Herbert Marcuse.

35 Ibid., p. 197.
36 Ibid., p. 198.

1.6. Herbert Marcuse: A cultura

Para Marcuse, a *cultura:*

> Deve assumir a preocupação com a exigência de felicidade dos indivíduos [...] a cultura afirmativa adotou a exigência histórica da libertação universal do indivíduo com a sua ideia do caráter humanitário puro [...] Todas as leis e formas de governo humanas deveriam ter apenas a única finalidade: que cada um, sem ser molestado, possa exercitar suas forças e alcançar uma fruição mais bela e mais livre da vida.[37]

Cultura é expressão da alma. Distingue alma e espírito. Alma é tratada pela antropologia fisiológica; o espírito é transcendente. Na arte, a cultura afirmativa "eterniza o instante belo na felicidade que ela proporciona. Ela eterniza o efêmero".[38]

Ocorre que, embora se encontre em determinada situação cultural, o homem traz consigo todos os seus desejos, amores, desamores, ódios, enfim, todos os seus sentimentos.

Vejamos como Merleau-Ponty entende o problema da situação vivida e como percebe o fenômeno.

---

37 MARCUSE, Herbert. *Cultura e sociedade*. São Paulo: Paz e Terra, 1º vol., 2006, p. 100-102.

38 Ibid., p. 117.

1.7. Merleau-Ponty: A fenomenologia da percepção

Enquanto Sartre via o *nada* ao entender que a consciência é sempre consciência de alguma coisa e, pois, a consciência em si é nada, Merleau-Ponty entende que o que se tem é o mundo que está aí antes de tudo. Em suas palavras, "retornar às coisas mesmas é retornar a este mundo anterior ao conhecimento do qual o conhecimento sempre *fala*, e em relação ao qual toda determinação científica é abstrata".[39]

Retornar à essência não significa procurá-la no sentido platônico. Não é o ser ontológico nem o ideal. Simplesmente, trata-se do mundo enquanto tal. Por isso, diz o autor, "o real deve ser descrito, não construído ou constituído".[40] O homem está no mundo e é nele que ele se conhece. Para bem conhecer as coisas, realiza o que denomina *redução fenomenológica*, ou seja, vai-se percebendo as coisas como são e não como se apresentam a mim.

Estar no mundo é percebê-lo. Estar nele é jogar as percepções para a mente (que também está no corpo) e fazer voltar as sensações. É um contínuo fluxo que liga sensações e mente. Acrescenta o autor: "O mundo é não aquilo que eu penso, mas aquilo que eu vivo; eu estou aberto ao mundo, comunico-me indubitavelmente com ele, mas não o possuo, ele é inesgotável".[41]

Vê-se, então, que o mundo não é redutível à linguagem, como queria Wittgenstein, é muito maior do que ela. Entro no mundo e ele em mim, numa troca incessante de percepções. O

---

39 MERLEAU-PONTY, Maurice. *Fenomenologia da percepção*. São Paulo: Martins Fontes, 2011, p. 5.

40 Ibid., p. 5.

41 Ibid., p. 14.

corpo é o ponto de vista que tenho do mundo. O corpo é expressão do mundo.

Em síntese, diz o autor: "Estou lançado em uma natureza, e a natureza não aparece somente fora de mim, nos objetos sem história, ela é visível no centro da subjetividade".[42]

1.8. Conclusão

O homem está em permanente contato com a natureza. O campo jurídico não é restrito ao mundo das normas. Estas são frias e apenas recortam certas situações, procedendo a uma *seleção do fático* para dar-lhe uma consequência jurídica. Captam os comportamentos humanos, dizem como devem ser e lhes atribuem uma consequência sancionadora, na hipótese do descumprimento da conduta obrigatória ou proibida.

Contudo, todas as percepções que o homem tem do mundo, ele as tem como fluxo emotivo. Percebe os fenômenos, leva-os à mente, traduz em códigos para seu corpo e reflete o que percebeu num fluxo constante de percepções, mas sempre levado e conduzido pelas emoções por meio das quais mantém contato com o mundo.

Logo, ainda que a norma capte o *fato jurígeno,* não é este que vai dar o contorno jurídico. O fato se traveste em *fenômeno*, isto é, o perfil ou a mensagem que dali dimana. Ele se reflete em todo o corpo, acicata todas as emoções (fibras constantes de contato com o mundo) e daí surge uma *interpretação.* Não imediatamente jurídica, mas como *visão* do fenômeno que se apresenta ao sujeito.

42 Ibid., p. 463.

Ao proceder à percepção do fenômeno, recicla-a em seu interior e reflete na mente o sujeito que age ou reage.

Exemplificando, num contrato que seria a origem de tudo, tal como Nietzsche:

> Já resolvi o enigma: as relações contratuais entre *credores* e *devedores* que são tão antigas quanto os processos que, por sua vez, nos levam às formas primitivas da compra e venda, do câmbio, comércio e relações.[43]

Assim, o processo civilizatório tem em suas raízes o adestramento, o equilíbrio e o castigo. Cada qual percebe o mundo conforme seu temperamento emocional, o sujeito age e reage. Nem sempre na mesma intensidade. Por vezes, nada se passa. Quase sempre, porém, há uma reação forte ou fraca.

Nesse passo, é inafastável que tanto o corpo como a mente reajam diante do fenômeno.

A interpretação dispõe, portanto, de todo um procedimento de captação do fenômeno, de sua tradução perceptiva e mental que enseja reação ou ação. A interpretação é dada em face da captação do perfil fenomenológico reciclado, por sua vez, pela mente e devolvido ao corpo como ação ou reação. Trata-se de um processo biológico.

Sem dúvida alguma, o mundo normativo integra o complexo jurídico. É parte dele e talvez seja a mais importante. Não se compreende o fenômeno jurídico sem conhecer o que são as normas e como funcionam.

---

43 NIETZSCHE, Friedrich. *Genealogia da moral*. Petrópolis: Vozes, 2009, p. 63.

CAPÍTULO II

O MUNDO DAS NORMAS

2. Norberto Bobbio. Hans Kelsen

Bobbio afirma que "as normas jurídicas não passam de uma parte da experiência normativa".[44]

Restringe-se o direito ao ângulo normativo? A teoria positivista assim sustenta. Vê o Estado como Deus terreno. Estado e direito seriam um só. Em verdade, o Estado detém apenas o monopólio da produção legal. Trata-se da capacidade dos órgãos institucionais de emanar normas de conduta válidas para a totalidade dos membros da comunidade e de fazê-las respeitar.

Kelsen entende que o direito deve delimitar seu objeto. Daí surge a ordem jurídica, que "é um sistema de normas cuja unidade é constituída pelo fato de todas elas terem o mesmo fundamento de validade".[45] A validade é retirada da norma hipotética fundamental. É o fato que antecede a edição da constituição.

O direito é ordem coativa que significa a reação da comunidade jurídica a determinadas condutas humanas, assim denominada sanção[46]. O monopólio da coação pertence ao Estado. Se o Estado é titular da norma que prevê o comportamento e a sanção, o direito confunde-se com norma jurídica.

---

44 BOBBIO, Norberto. *Teoria da norma jurídica.* 5ª ed. Edipro, 2014, p. 27.

45 KELSEN, Hans. *Teoria pura do direito.* 3ª ed. Coimbra: Armênio Amado, 1974, p. 57.

46 Ibid., p. 61.

Entende-se que é uma visão reducionista do direito. Norma é apenas um dos aspectos do direito que abrange pessoas, fatos sociais (fenômenos) e suas consequências.

Bobbio propõe uma visão *institucional.* E, na visão de Santi Romano, o direito é composto de: a) sociedade, b) ordem social e c) organização.

Ter um direito significa poder exercer certa ação, segundo critérios de valoração. Importa aqui a indagação sobre se a norma é justa, válida e eficaz.

2.1. Três aspectos da norma

O critério de *justiça* responde à valoração da sociedade em determinado momento histórico. O da *validade* significa saber se a norma existe e se dela dimana determinada regra jurídica. Necessário saber: a) a norma proveio de autoridade legítima? b) não está revogada? c) não é incompatível com outra norma? A *eficácia* indaga se a norma produz efeitos e, se violada, pode ser imposta.

Saber se a norma é justa configura a indagação da *deontologia.* A validade responde à *ontologia.* A eficácia sugere a *fenomenologia.* A norma pode ser justa sem ser válida. Válida sem ser justa. Válida e ineficaz. Eficaz sem validade. Justa sem eficácia e, por fim, eficaz sem ser justa.

Trata-se de uma teoria que reduz o problema da justiça à validade. Para o jusnaturalista Bobbio, "una norma non è valida se non è giusta".[47] Para o positivismo, a norma é justa só em caso de validade.

Kant propõe o direito como *relação jurídica.*[48] Direito é "o conjunto das condições por meio das quais o arbítrio de um pode acordar-se com o arbítrio de outro segundo uma lei universal de liberdade."[49]

Bobbio afirma que "o estudo formal das normas jurídicas que aqui se desenvolve não exclui absolutamente outros modos de considerar o direito"[50]. O formalismo entende o direito somente como forma. O formalismo ético afirma que o que é justo é conforme a lei. O formalismo jurídico prevê o modo de ação para alcançar objetivos. Apenas a forma no confronto dos arbítrios.

O direito formal se vale de terminologia própria a identificar diversos momentos de sua criação e aplicação. Identifiquemos os termos.

2.2. Alguns conceitos: Sanção, Hierarquia, Antinomias e critérios de solução. Consistência e completude. Autointegração. Anomia

Proposição é o conjunto de palavras que possuem significado. Juízo é a junção de sujeito e predicado. Há proposições que não são juízos: quantos anos você tem? Enunciado: forma gramatical e linguística por meio da qual o significado é expresso. Conjunto sem significado: O triângulo é democrático.

---

47 BOBBIO, Norberto. *Teoria dela norma giuridica.* G. Giappichelli, Torino, p. 55.

48 KANT. *Doutrina de direito.* 1797.

49 KANT. *Metafísica dos costumes.* 2ª ed. Bauru: Edipro, 2008, p. 76.

50 BOBBIO, 2014, p. 72.

Proposição falsa: o triângulo tem quatro lados. Funções da proposição: descritiva (científica), expressiva (poética) e prescritiva (normativa). A descrição informa: a expressão afeta os sentidos; a prescrição modifica o comportamento. A descrição pode ser verdadeira ou falsa. A prescrição não.

Sanção. "A sanção pressupõe a violação da regra".[51] "Podemos definir brevemente a sanção como resposta à violação".[52] Pode haver a sanção *moral*. A sanção é interior (consequência desagradável da violação: a culpa). A sanção *social* é externa, restrita à sociedade.

Sanção *jurídica* é a resposta à violação da norma, externa e institucionalizada. Critérios: a) para toda violação de uma regra primária é estabelecida a respectiva sanção; b) estabelece-se a medida da sanção, e c) pessoas encarregadas de aplicá-la.

As normas podem ser: a) *formais* – concretas e individuais (esgotam seu conteúdo em uma só ação e têm apenas um ou alguns destinatários) e b) *materiais* – abstratas e genéricas (abstratas – uma ação-tipo e gerais – atingem uma classe de pessoas).

Podemos dizer que o ordenamento é uma pluralidade e um conjunto de normas que deve apresentar uma unidade hierarquicamente composta, completa e desprovida de antinomias.

"A unidade de um sistema de normas é decorrente de um superior fundamento de validade desse sistema – a Constituição positiva, ou, em nível epistemológico, a Constituição em sentido lógico-jurídico, ou seja, a norma fundamental."[53] Há a dimensão

---

51 BOBBIO, 2014, p. 1.545.

52 BOBBIO, 2014, p. 153.

53 VILANOVA, Lourival. *As estruturas lógicas e o sistema de direito positivo.* São Paulo: RT, 1977, p. 122.

material (limite de validade da norma) e uma dimensão pessoal (número de pessoas que ela alcança).

Hierarquia – As normas estão compostas em graus. O maior é a Constituição, a que todas as normas devem sujeição de forma e de conteúdo. As que vêm abaixo dela são leis complementares ou ordinárias, que devem a ela se amoldar, em forma e conteúdo. Seguem-se atos inferiores (decretos, sentenças, regulamentos, contratos etc.), que devem sujeição às leis.

Antinomias e critérios de solução. As normas não podem ser incompatíveis. Duas normas não podem obrigar ou proibir a mesma coisa ao mesmo tempo. Para que surja a antinomia são requisitos: a) que as duas normas pertençam ao mesmo ordenamento; b) devem ter o mesmo âmbito de validade – temporal, espacial, pessoal e material. Bobbio define: "*l'antinomia giuridica come quella situazione che si verifica tra due norme incompatibili, appartenente allo stesso ordenamento e aventi lo stesso ambito di validità*".[54]

Caso surja, a antinomia deve ser eliminada segundo os critérios para sua superação: a) cronológico (a norma posterior revoga a anterior); b) critério hierárquico (a norma inferior cede ante a superior, mesmo na incompatibilidade (*lex superior derogat inferior*) e c) critério da especialidade (a norma especial revoga a geral – *lex specialis derogat generali*).

Completude. O ordenamento jurídico deve ser completo. Por completude se entende "*la proprietà per cui un ordenamento giuridico ha una norma per regolare qualsiasi caso*".[55]

---

54 BOBBIO, op. cit., p. 90.

55 Ibid., p. 125.

Como proceder diante de uma lacuna? O ordenamento é composto de normas deônticas. Contém obrigações, proibições e permissões. Nem tudo do ordenamento jurídico pode estar contido no sistema normativo. Uma das saídas é a norma geral exclusiva, que afirma que ninguém é obrigado a fazer ou deixar de fazer alguma coisa senão em virtude de lei. Se não há a lei que proíba ou obrigue um comportamento, é permitido.

Consistência. Características do ordenamento são a *consistência e a completude.* A consistência funda-se na lei de não contradição, enquanto a completude repousa na lei de exclusão de terceiro excluído. Dois enunciados contraditórios não podem ser falsos dentro do sistema. Consistência: duas proposições não podem ser ambas verdadeiras.

Vilanova[56] diz que "o dever-ser transparece no verbo ser acompanhado do adjetivo participial: 'está obrigado', 'está facultado ou permitido' e 'está proibido'".

A anomia. É o espaço juridicamente vazio (*spazio giuridico vuoto*). Há condutas que não são regradas – por exemplo, a respiração das pessoas. Norma alguma poderia determinar se é possível respirar ou se é proibido fazê-lo.

2.3. O "non liquet"

O Juiz deve sempre decidir. O "non liquet" impõe àquele que tem o dever de completar o sistema não deixar de fazê-lo. Nem na dificuldade da interpretação, nem na ausência de norma específica a dispor sobre o tema. Vale-se da analogia de princípios

56 VILANOVA, op. cit., p. 51.

gerais de direito e dos costumes. A analogia decorre da aplicação de casos análogos ou similares. Interpretação extensiva significa aplicar um caso regulado a caso não regulado. A analogia é a aplicação de caso análogo já apreciado.

Voltemos ao mundo dos afetos para saber que não são as normas que nos dirigem, mas, fundamentalmente, as afecções que recebemos do mundo que nos toca e sobre como tocamos o mundo.

O mundo das normas não é um universo à parte do ser humano e da sociedade, nem o direito nele se esgota. O Estado detém a competência privativa para editar normas, mas não detém a exclusividade do direito. Este não se resume ao contido na norma, nem aos sistemas. O direito tem pluralidade de relações com todos os outros ramos do conhecimento. Não se esgota na estreiteza da regra jurídica. Se o homem é o centro do conhecimento e, sendo ele um depositório de paixões e emoções, impõe-se seu estudo.

CAPÍTULO III

AS PAIXÕES À LUZ DA FILOSOFIA E DA PSICANÁLISE

3. O primeiro relacionamento com o mundo: Platão e Aristóteles

O primeiro relacionamento com o mundo é a *sensação*. O ser humano é atingido pelo mundo e o contata a todo instante, formando-se ao longo da vida. Sente o mundo e o retrata em reações. Em seu corpo processa as sensações e a elas reage. Em *Teeteto*, Platão diz que "aquele que conhece qualquer coisa, percebe o que conhece; e, como parece no momento, o conhecimento não passa de percepção" (151 e). Disso resulta que o primeiro passo é o espanto ou a perplexidade (155 d).

Sócrates, posteriormente, reduz o conhecimento e afirma que as coisas que parecem ao indivíduo não *são* como tais e quais (158 a). Platão, num de seus diálogos (*Teeteto*) e pela boca de Sócrates afirma que o conhecimento não está nas sensações, mas no raciocinar sobre elas (186 d).

É em *Fedro* que Platão ingressa no estudo das realizações da alma. O ser humano tem dentro de si sentimentos colidentes. De um lado, há o que se pode chamar de bom comportamento; de outro, o mau. O primeiro se submete às convenções sociais e às leis; o outro se processa ao arrepio destas.

Os três tipos de alma

Na *República,* Platão descreve três tipos de alma: a concupiscente, a irascível e a racional. A concupiscente é a mais baixa, constituída de desejos e necessidades. Localiza-se no ventre. A irascível está conectada com a vontade e localiza-se no peito. Identifica-se com os soldados, combatentes e tem por significado a força. A racional busca conhecer as ideias, localiza-se na cabeça e busca a sabedoria.

O mito do auriga

O mito do auriga, relatado por Platão, ilustra bem o que se diz em relação ao conhecimento das paixões da alma. De um lado, um cavalo dócil; de outro, um animal incontrolável, rebelde. O cocheiro busca controlar as paixões que tornam difícil sua vida. Trata-se do conflito de sentimentos e afetos que existem no interior do sujeito e que a razão busca controlar.

Platão, enfim, busca o homem racional que se baseia no mundo das ideias ou das formas. Apenas o filósofo tem acesso a ele.

Aristóteles

Aristóteles também se debruçou sobre o assunto. No entanto, enquanto Platão cuida do mundo transcendente, Aristóteles permanece no imanente. Ademais, Aristóteles estuda as reações emotivas diante da retórica. É na *Retórica* que o filósofo expõe sua teoria, analisando a relação orador/auditório. À luz do discurso, busca entender como as pessoas reagem aos argumentos projetados pelo orador. Para produzir a reação desejada, o orador precisa conhecer as paixões da plateia: cólera, calma, amor, ódio, confiança, temor, vergonha, imprudência, favor, compaixão, indignação, inveja, emulação e desprezo.

Aristóteles analisa, então, o jogo de captação de vontade do auditório. O que deve fazer o orador, quando conhecedor dos sentimentos da plateia, para atrair os favores do auditório? O filósofo afirma que "as paixões (emoções) são as causas das mudanças nos nossos julgamentos e são acompanhadas por dor ou prazer".[57]

3.1. São Tomás de Aquino

O doutor evangélico efetuou longo estudo sobre as paixões da alma. Em síntese, eis seu pensamento: "O homem diferencia-se das criaturas irracionais porque tem o domínio de seus atos". É assim que ele possui livre-arbítrio para tomar suas decisões. Tem a vontade e busca um fim (no que segue Aristóteles). A causa final no pensamento de Tomás de Aquino é fundamental. A vontade está na razão.

Ao agir em busca de um fim, o homem o conhece. A síntese de seu pensamento, em relação às paixões e à razão, encontra-se no seguinte parágrafo:

> A voluptuosidade corporal não pode, desse modo, seguir o bem perfeito, pois, segue o bem o que é apreendido pelo sentido, que é potência da alma que usa o corpo. Mas, o bem que pertence ao corpo, apreendido pelo sentido, não pode ser apreendido pelo sentido, não pode ser o bem perfeito do homem. Como a alma

57 ARISTÓTELES. *Retórica. Livro II.* Bauru: Edipro, 2013, p. 122.

racional supera a proporção da matéria corporal, a parte da alma que é independente do órgão corpóreo possui uma certa infinidade relativamente ao corpo e às partes da alma unida.[58]

A alma que é potência (possibilidade de agir) passa à ação (torna-se ato) sempre subordinando as paixões à razão. Santo Tomás de Aquino conclui afirmando que:

> Deve-se dizer que de um modo a natureza racional é superior à sensitiva, e de outro a natureza intelectual, à racional. A natureza racional é superior à sensitiva quanto ao conhecimento do objeto, porque o sentido de nenhum modo pode conhecer o universal, cuja razão é cognoscitiva.[59]

O autor pondera ainda que "a paixão é o caminho para a corrupção".[60] A alma pode ser apetitiva, apreensiva e sensitiva. A paixão é sensitiva por transmutação corpórea. Ocorre que, em qualquer caso, a razão controla as paixões.

3.2. René Descartes

Descartes estuda a alma e o corpo (dualismo) em relação às paixões, que define como "percepções ou sentimentos ou

58 AQUINO, Santo Tomás. *Suma teológica.* Tomo III, questão 2, art. 6, p. 57.
59 Ibid., questão 5, art. 2, p. 97.
60 Ibid., questão 22, art. 1, p. 303.

emoções da alma que referimos particularmente a ela e que são causadas, conservadas e fortalecidas por algum movimento dos espíritos".[61]

Descartes escreve sobre as paixões, como se "ninguém antes de mim as tivesse tocado".[62] Analisa uma série de emoções, sem prejuízo de outras que possam surgir. Distancia-se de escritos anteriores. Paixão é sempre uma ação "em relação àquele que faz com que aconteça".[63]

Ao indagar quais as funções da alma, salienta a ação proveniente da vontade e das paixões: "todas as espécies de percepções ou conhecimentos existentes em nós".[64] Define, então, o que entende por paixões da alma: "percepções ou sentimentos ou emoções da alma que referimos particularmente a ela e que são causadas, conservadas e fortalecidas por algum movimento dos espíritos".[65]

Descartes refere-se, então, à glândula pineal que se situa no cérebro como o órgão central das paixões.

Nesse aspecto, o filósofo já não encontra guarida nas modernas orientações. No entanto, sua obra é referência, porque se constitui em aguda pesquisa sobre o assunto.

Até aqui percebemos que os autores (Sócrates, Platão e Aristóteles, na Antiguidade grega, Tomás de Aquino, na Alta Idade Média, e Descartes, no despertar do Modernismo) garantem o domínio das paixões pela razão.

---

61 DESCARTES, René. *As paixões da alma*. Livro I. São Paulo: Lafonte, 2012, p. 27.

62 Ibid., p. 31.

63 Ibid., p. 32.

64 Ibid., art. 17.

65 Ibid., art. 27, p. 47.

3.3. Baruch de Spinoza

Segundo Spinoza:

> Os que escreveram sobre os afetos e o modo de vida dos homens parecem, em sua maioria, ter tratado não de coisas naturais, que seguem as leis comuns da natureza, mas de coisas que estão fora dela [...] Quero, agora, voltar àqueles que, em vez de compreender, preferem abominar ou ridicularizar os afetos e as ações dos homens. [66]

Spinoza compreende por afeto "as afecções do corpo, pelas quais sua potência de agir é aumentada ou diminuída, estimulada ou refreada, e, ao mesmo tempo, as ideias dessas afecções".[67] Adotarei a terminologia e as definições dadas pelo autor holandês.

A primeira consequência disso é que "o corpo humano pode ser afetado de muitas maneiras, pelas quais sua potência de agir é aumentada ou diminuída, enquanto outras tantas não tornam sua potência de agir nem maior nem menor".[68]

Spinoza não aceita a separação entre corpo e alma. Não há alma transcendental. O que existe é a *mente* (e não a *anima)*. Não são duas substâncias diferentes. Espírito e corpo são

---

66 SPINOZA, Benedictus de. ***Ética***. Belo Horizonte: Autêntica, 2009, p. 97.

67 Ibid., p. 9.

68 Ibid., p. 99.

mesma coisa. O corpo tem a mesma dignidade do espírito. O corpo não é só o físico, mas aquele que recebe todas as afecções.

A *vontade* é do espírito; o *apetite*, do corpo.

Spinoza tem uma concepção de mundo que não é religiosa, nem atende a um ente superior. O mundo é Deus e Deus é a natureza. Confundem-se e são a mesma coisa. Um Deus à semelhança do homem foi inventado pelo homem. Seria constituído por corpo e mente e sujeito às paixões. Deus não é corpo nem mente. É a própria natureza. Em tal concepção, Deus é causa primeira e causa eficiente.

Há duas naturezas: natureza naturante é o que existe em si mesmo e por si mesmo é concebido, e natureza naturada é o que segue da necessidade da natureza de Deus, ou seja, cada um dos atributos de Deus.

Deus não foi concebido por ninguém. Nem concebe qualquer coisa. Simplesmente, Deus é substância eterna e vivida. Não tem vontade nem finalidade. É o que é.

Deus não dirige o destino de ninguém. Não intervém em nenhuma situação. Esta sempre se resolve por si só.

O corpo não determina a mente nem é determinada por ele. O *conatus* é a potência de agir. É o desejo, essência própria do homem.

Para Platão, o desejo é a falta; para os estoicos, o desejo é afeto indiferente; para os ascetas é o desejo diminuído. Para Spinoza, o desejo é a força.

Como os afetos agem em nós, não podemos controlá-los. Daí a *servidão* a que estamos submetidos. É "a impotência humana para regular e refrear os afetos". O homem submetido a afetos não está no comando de seus comportamentos e, muitas vezes, é "forçado, ainda que perceba o que é o melhor para si, a fazer, entretanto, o pior".[69]

Para Spinoza, não há conflito entre razão-afeto, mas entre passividade-atividade. "Nós não desejamos alguma coisa porque nós julgamos que ela é boa, mas ao contrário, nós chamamos bom o que nós desejamos".[70]

Por isso, o homem não mantém o controle de si próprio, mas é movido pelos afetos. Estes são naturais. O *conatus* é a força de superação dos obstáculos.

Ainda que Spinoza identifique todos os afetos conhecidos e os defina, não faremos a transcrição completa de sua lição. Ficaremos no que ele chama de essência do homem, que corresponde ao desejo e afetos essenciais.

Desejo: "é a própria essência do homem, enquanto esta é concebida como determinada, em virtude de uma dada afecção qualquer de si própria, a agir de alguma maneira".[71]

Há dois sentimentos que são principais e fundamentais:

Alegria: "passagem do homem de uma perfeição menor para uma maior".

Tristeza: "passagem do homem de uma perfeição maior para uma menor".[72] A alegria é o aumento de nossa força; a tristeza, sua diminuição.

Alguns outros sentimentos aumentam ou diminuem nossa força pela ideia de causa exterior (um encontro amoroso

---

69 Ibid., p. 155.

70 Ibid., IV, 8, demonstração.

71 Ibid., p. 140.

72 Ibid., p. 141.

aumenta, não em decorrência da pessoa, mas da ideia que dela se tem; um encontro com um desafeto diminui a potência em decorrência da ideia que dele se tem).

Diversamente dos sentimentos, afetos e desejos, existe no direito o mundo normativo. A saber, comandos legislativos colhidos dos comportamentos da sociedade e trazidos para o mundo das normas.

Esse mundo não é indiferente aos afetos. Sofre igualmente seu impacto.

Tudo começa a mudar com o corporeísmo de Hobbes, o empirismo crítico de Locke e o irracionalismo de Hume.

3.4. Thomas Hobbes

Um dos gigantes do pensamento foi Thomas Hobbes, filósofo do Estado. Primeiro ponto é a *sensação* que afeta o homem. Assim, os seres humanos desejam "aquilo que amam, e odeiam coisas pelas quais têm aversão".[73]

Há um pendor natural em desejar as mesmas coisas e, ao querê-las, entrar em conflito com o outro. Tornam-se, então, inimigos. Daí sua notável afirmação, reiteradamente repetida, de que "quando não existe um poder comum capaz de manter os homens em respeito, temos a condição do que se denomina Guerra: uma guerra de todos os homens contra todos".[74]

O homem é, pois, um centro de paixões e tende sempre a dominar o outro. Aí reside a origem de todos os conflitos.

---

73 HOBBES, Thomas. *Leviatã*. São Paulo: Ícone, 2000, p. 47.

74 Ibid. p. 95-96.

3.5. John Locke

O autor afasta a possibilidade das ideias inatas. Não cuida exatamente das paixões em confronto com a razão. Discute os fundamentos racionais da moralidade e leva em conta a religiosidade de seu pensamento. A liberdade não está no querer, mas no agir ou no abster-se de fazê-lo.

3.6. David Hume

O ponto central da filosofia de Hume, ao analisar a natureza humana, decorre da seguinte afirmação:

> Nada é mais comum na filosofia, e mesmo na vida corrente, que falar no combate entre paixão e a razão, dar preferência à razão e afirmar que os homens só são virtuosos quando se conformam a seus preceitos. Afirma-se que toda criatura racional é obrigada a regular suas ações pela razão.[75]

Hume busca, então, demonstrar a falácia do argumento, afirmando que "procurarei provar, *primeiramente,* que a razão, sozinha, não pode nunca ser motivo para uma ação da vontade; e, em *segundo* lugar, que nunca poderia se opor à paixão na direção da vontade".[76]

---

75 HUME, David. *Tratado da natureza humana.* 2ª ed. São Paulo: Unesp, 2009, p. 448-449.

76 Ibid., p. 448-449.

Posteriormente, é categórico: "A razão é, e deve ser, apenas a escrava das paixões, e não pode aspirar a outra função além de servir e obedecer a elas".[77] Entende que paixão "é uma existência original, ou se quisermos, uma modificação de existência; não contém nenhuma qualidade representativa que a torne cópia de outra existência ou modificação".[78] "A razão é a descoberta da verdade ou da falsidade. A verdade e a falsidade consistem no acordo e no desacordo seja quanto à relação *real* das ideias, seja quanto à existência e aos fatos *reais*".[79]

Daí conclui que "a razão, em sentido estrito e filosófico, só pode influenciar nossa conduta de duas maneiras: despertando uma paixão ao nos informar sobre a existência de alguma coisa que é um objeto próprio dessa paixão, ou descobrindo a conexão de causas e efeitos, de modo a nos dar meios de exercer uma paixão qualquer".[80]

Vê-se que erra Descartes ao identificar o centro das paixões na glândula pineal, enquanto Hume aponta as paixões como jogo de sentimentos não dominados pela razão.

3.7. Adam Smith

Adam Smith descreve alguns dos sentimentos e afirma que, para que haja correspondência entre o espectador e a pessoa atingida, "o espectador deverá, antes de tudo, esforçar-se tanto quanto possível para colocar-se na situação do outro, e tornar

77 Ibid., p. 451.
78 Ibid., p. 451.
79 Ibid., p. 498.
80 Ibid., p. 499.

sua cada pequena circunstância de aborrecimento que provavelmente ocorre ao sofredor".[81]

Em verdade, o autor teoriza sobre emoções específicas, sociais ou insociáveis. O objeto primário de nossas percepções incide sobre a ação de outros homens. Em decorrência, aplicamos o mesmo juízo sobre nossas ações. Então, primeiramente, julgamos a conduta do próximo; depois a nossa. Condutas certas ou erradas de acordo com certos códigos: a isso denomina *simpatia* ou *solidariedade*. Se julgo a conduta de acordo com o afeto, surge a *aprovação moral*.

O texto não discute a prevalência da razão sobre sentimentos ou vice-versa. Simplesmente, descreve os sentimentos que afloram.

3.8. Immanuel Kant

Kant recupera a ideia do racionalismo. Afirma que a "vontade é, portanto, a faculdade do desejo considerada não tanto em relação à ação (como o é a escolha), porém mais em relação ao fundamento que determina a escolha para a ação". Ocorre que "a razão pode determinar a faculdade do desejo".[82]

Kant reafirma o que já dissera sobre o *imperativo categórico* subordinado ao postulado: "age com base em uma máxima que também possa ter validade como uma lei universal". Ora, se essa é a base do pensamento kantiano, percebe-se que as emoções,

---

81 SMITH, Adam. *Teoria dos sentimentos morais*. São Paulo: Martins Fontes, 2002, p. 22.

82 KANT, Immanuel. *A metafísica dos costumes*. 2. ed. Bauru: Edipro, 2008, p. 63.

afetos e paixões não têm lugar em seu raciocínio, é a razão que o domina integralmente.

A paixão, por ser imediata, impulsiva, repentina e incontrolável, jamais poderá ser lei universal do agir.

Já com o surgimento das ideias de Freud, Schopenhauer e Nietzsche, as paixões assumem nova relevância no pensamento humano.

3.9. Arthur Schopenhauer

O filósofo vê o mundo como o conjunto de objetos representados por um sujeito. É a totalidade dos objetos. Representação de mim. Afirma-se que se torna "claro e certo que não conhece sol algum e terra alguma, mas sempre apenas um olho que vê um sol, uma mão que toca uma terra. Que o mundo a cercá-lo existe apenas como representação, isto é, tão somente em relação a outrem, aquele que representa, ou seja, ele mesmo".[83]

Entendido o que é o mundo como representação, identifiquemos o que significa a vontade. Há uma força, uma qualidade ou um caráter sem que se possa obter uma intelecção mais profunda. É a vontade. "Todo ato verdadeiro de sua vontade é simultânea e inevitavelmente também um movimento de seu corpo".[84] É a vontade que age, juntamente com o movimento do corpo. "A vontade é não apenas livre, mas até mesmo todo-poderosa. Dela provém não só seu agir, mas também seu mundo".[85]

---

83 SHOPENHOUER, Arthur. *O mundo como vontade e representação*. São Paulo: Unesp, 2005, p. 43, parágrafo I.

84 Ibid., p. 157.

85 Ibid., p. 355.

Expõe, definitivamente, sua concepção de ser humano e do que o move ao dizer que "a vontade que, considerada puramente em si, destituída de conhecimento, é apenas um ímpeto cego e irresistível – como vemos aparecer na natureza inorgânica e na natureza vegetal, assim como na parte vegetativa de nossa própria vida".[86]

A vontade é livre e irresistível. É a própria natureza do ser humano, o qual é movido por força interna que a nada obedece. O intelecto se limita a esclarecer os motivos da ação.

O autor, após assentar seus conceitos e afirmar a impetuosidade da vontade como essência, passa a analisar uma série de afetos que despertam o ser humano e o movem, sem que haja possibilidade de ser controlado.

3.10. Sigmund Freud

O pai da psicanálise, mais do que ninguém, debruçou-se sobre as paixões. Considera a *libido* como geradora de todos os comportamentos. Vontade de permanência em si. Estabelece a identificação do inconsciente, sob o rótulo de *id*, de onde brotam todos os sentimentos. Assim, o propósito da vida "é simplesmente o programa do princípio do prazer".[87] Assim, a satisfação dos instintos é que nos leva à felicidade[88]. De outro lado, a dominação dos instintos nos leva a seu aniquilamento e à infelicidade.

---

86 Ibid., p. 357.

87 FREUD, Sigmund. *O mal-estar na civilização*. Rio de Janeiro: Imago, vol. XXI, 1996, p. 84.

88 Ibid., p. 86.

Daí surge a civilização. No dizer de Freud, "a substituição do poder do indivíduo pelo poder de uma comunidade constitui o passo decisivo da civilização".[89] Para isso pode ocorrer a *sublimação dos instintos*. A saber, é a satisfação da pulsão por outro objeto de prazer que realize. Grandes personalidades sublimaram instintos egoístas e transformaram-nos em forças de realização social. É o ideal sublime.

Vê-se, pois, que para que se torne possível a civilização, é imprescindível que se renuncie ao instinto ou que seja ele limitado pela opressão ou repressão. O sexo é superado pela relação erótica e o erotismo é substituído pela libido, que é construtiva.

Aparece o sentimento de culpa que provém do medo da autoridade e do medo do superego. A renúncia ao instinto se encontra no âmago do sentimento de culpa.

Em seus estudos psicanalíticos, Freud entende que a razão está no *superego*, representado pela sociedade repressora dos instintos. Estes são naturais ao homem e o dominam. É apenas pela repressão, e não pela razão, que se inicia o processo civilizatório.

3.11. Friedrich Nietzsche

O autor situa o surgimento da justiça na teoria contratual. Ele diz: "Já resolvi o enigma; as relações contratuais entre credores e devedores que são tão antigas quanto os processos que, por sua vez, nos levam às formas primitivas da compra e venda, do câmbio, comércio e relações".[90]

---

89 Ibid., p. 101.

90 NIETZSCHE, Friedrich. *A genealogia da moral*. Petrópolis: Vozes, 2009, p. 63.

Enquanto muitos dizem que é possível controlar os instintos, Nietzche levanta um contraponto interessante:

> Mas com isso se desconhece a essência da vida, *a vontade de potência*, e passa-se por alto na preeminêcia elementar às forças espontâneas, agressivas, conquistadoras, usurpadoras, transformadoras, e que sempre estão produzindo novas exegeses e novas direções, submetendo a suas leis a própria adaptação.[91]

A *vontade da potência* é a própria essência do ser humano que não obedece a regramentos. Submete-se apenas ao costume (aforismo 16, de "Aurora").

Nietzsche simplesmente aceita a vida como ela é (*amor fati = amor ao destino)* e o homem com todas as suas forças ativas, porque o ser reativo é aquele que busca simplesmente destruir ou aniquilar as paixões (vontade de potência). Vê-se que prevalecem os sentimentos.

Outros autores analisaram o tema, mas vale a pena ver a posição de Sartre.

3.12. Jean Paul Sartre

Sartre tem uma visão diversa. Não analisa os afetos específicos. Afasta o estudo dos fatos que fazem eclodir uma emoção e busca a fenomenologia, a saber, não é o fato, mas o significado que possui em determinado contexto. Afasta o estudo psicanalítico clássico.

---

91 Ibid., p. 76.

A emoção "é uma transformação do mundo".[92] Há o estado de consciência que deve estar no fato significante. É o ser que recebe as afecções do mundo.

O indivíduo é um poço de emoções. Relaciona-se a todo instante com o mundo e com os outros. O evolver fático o alcança a cada instante. O movimento dos astros muda o estado da alma. As alterações climáticas fazem o mesmo. Chuva ou sol atingem os indivíduos de forma diferente. E, ao lado de fenômenos exógenos, da mesma forma o convívio com outras pessoas igualmente nos provocam.

Mutações diárias no relacionamento humano alteram o *bom humor* das pessoas. A família, a escola, o trabalho, os amigos, tudo envolve um confronto de sentimentos e troca de mensagens. O homem é, pois, atingido por significações provocadas por causas externas, pelo mundo e pelas pessoas.

Cada um de nós em sua vivência pessoal, seja junto a familiares, seja nas escolas, no trabalho, em todo e qualquer lugar é atingido por humores diversos. Tudo nos invade.

Dores corporais ou doenças podem alterar nosso comportamento. Complicações internas que dependem de nossa maior ou menor sensibilidade. Um pensamento sobre uma ação do passado pode nos incomodar. Uma recordação triste ou alegre pode nos atingir de forma positiva ou negativa.

De igual maneira, provocações externas podem nos atingir.

É possível separar, então, as *reações* de nosso corpo e de nossa mente em duas: corporais ou mentais. Uma canelada em jogo de futebol nos provoca dor. Podemos não nos incomodar com

---

92 SARTRE, Jean-Paul. *Esboço para uma teoria das emoções*. São Paulo: L&PM Pocket, 2009, p. 63.

isso ou da pancada pode resultar um sentimento avesso ao jogador que nos atingiu. Um recado apaixonado pode provocar uma reação positiva.

Sartre questiona a psicanálise. Rejeita a existência do *id* freudiano. Sustenta que todos têm emoções, que são puramente somáticas. Não aceita a possibilidade de traumas, neuroses etc., que estejam no íntimo da pessoa. As reações são simplesmente vinculadas ao exercício da liberdade. Em situação, as pessoas reagem de acordo com o vivido.

Preferimos falar, então, em *reações às afecções* e não em *emoções*. Vejamos como esse universo de afetos se comunica com o direito.

CAPÍTULO IV
AS PAIXÕES NO DIREITO E A NEUROCIÊNCIA

4. As paixões no direito

O direito tem sido considerado, desde a Antiguidade greco-romana, um conjunto de princípios e regras que disciplina o comportamento humano. O gênio romano identificou formas de solução dos conflitos jurídicos, conforme os seguintes aforismos: *honestae vivere, suum cuique tribuere e neminem laedere.* Mas o que isso significa? Palavras soltas e vagas sem conteúdo efetivo. Se fosse somente isso, outros conjuntos seriam considerados direito e confundidos com a lei (a ordem moral, por exemplo). O Estado de legalidade; não de legitimidade.

Significa que se pode falar em norma boa ou má, de forma a garantir os direitos mais íntimos e sagrados do homem. Não confundindo o conceito de legalidade (obediência às leis) com o de legitimidade (conjunto de normas que garante o Estado de direito pelo respeito à dignidade do homem), a modernidade busca garantir a inviolabilidade dos denominados direitos humanos.

O que se busca é uma ideia de direito que possa se adaptar aos nossos tempos. Não há inovação, pois diversos autores têm a visão de que o direito, como dimensão cultural, só pode ser analisado à luz dos sentimentos humanos.

Sempre se viu o homem como um ser pulsional, ou seja, cheio de sentimentos que vão do amor ao ódio. Nasce com um corpo e uma alma (que também se pode chamar de espírito ou mente). Para os espiritualistas, a alma será um ente etéreo que adere ao corpo e o anima. Para os materialistas, a alma restringe-se à mente, sem se constituir em entidade transcendente.

O homem não surge por graça e obra do criador. Ele é o que é. Cada qual é diferente do outro. A humanidade é absolutamente desigual. Tornar todos iguais é irreal. Tratá-los de forma igual também não é real. Pode ser romântico ou cristão, mas não reconhece, em cada qual, as desigualdades de que são formados.

O *id* freudiano é um desconhecido que abriga toda sorte de impulsos. Com a repressão nasce a civilização. Freud afirma que talvez "possamos começar pela explicação de que o elemento de civilização entra em cena com a primeira tentativa de regular esses relacionamentos sociais".[93] Em caso contrário, os relacionamentos ficariam à vontade arbitrária dos indivíduos. Daí que "o poder dessa comunidade é então estabelecido como 'direito', em oposição ao indivíduo, condenado como 'força bruta'".[94] A substituição do indivíduo pela comunidade constitui "o passo decisivo da civilização".[95] A repressão recai sobre os impulsos, para torná-los passíveis de convivência. O homem que cede a seus sentimentos pode agredir a moral média, que é fruto de consenso. Daí a repressão para que se enquadre nos padrões éticos vigentes.

Sartre critica a psicanálise e sustenta que os problemas geradores de comportamentos diversos decorrem do próprio consciente. "Nada ganhamos com a psicanálise, porque ela, para

---

93 FREUD, 1996, p. 101.

94 Ibid., p. 101.

95 Ibid., p. 101.

suprimir a má-fé, estabeleceu entre inconsciente e consciência uma consciência autônoma e de má-fé".[96] Acrescenta que

> A própria essência da ideia reflexiva de "dissimular-se" alguma coisa implica a unidade de um só psiquismo e, por conseguinte, uma dupla atividade no seio da unidade, tendendo, por um lado, a manter e assimilar o que deve ser ocultado e, por outro, a repeli-lo e vetá-lo; cada aspecto dessa atividade complementa o outro, ou seja, encerra-o em seu ser.[97]

Daí Sartre criar o que rotula de *má-fé.* Trata-se de conduta diversa daquela do sujeito. O ser assume diversos papéis no mundo. Assume-os crendo que são manifestações do próprio ser. Qualquer pessoa, embora sendo uma consciência de si, é consciência de algo. O ser assume diversas personalidades: por exemplo, autor de livros, professor, pai de família, marido, palestrante etc. Quando assume uma dessas posições e acredita que ela é a consciência de si, manifesta má-fé, na terminologia sartreana, que não propriamente no ato de mentir, mas em mentir para si. Como diz o autor: "Convém escolher e examinar determinada atitude que, ao mesmo tempo, seja essencial à realidade humana e de tal ordem que a consciência volte sua negação para si, em vez de dirigi-la para fora. Atitude que parece ser a má-fé".[98]

Positivamente, Sartre não acredita nas teorias freudianas.

96 SARTRE, 2009, p. 98-99.

97 Ibid., p. 99.

98 Ibid., p. 93.

Herbert Marcuse afirma que “a nossa civilização, em termos genéticos, está fundada na repressão dos instintos”.[99] A sublimação impõe a substituição do objeto do desejo por outro. Contenta-se o indivíduo com outra coisa.

Como não se consegue reprimir os impulsos por meio do controle interno do ser humano, a sociedade o faz. Daí pode nascer o recalcado e o neurótico. Para equilibrar as forças, surgem os códigos de valores e a crença em outro mundo. É a comparação com valores ideais que vai servir de contraste para o domínio dos humanos.

Se pensarmos o ser humano apenas como humano, tem ele a substância igual a tudo na Terra. Tudo é substância. Cada animal, vegetal, mineral, todas as demais coisas têm sua substância. Assim, a evolução altera as coisas, inclusive o homem. Trata-se de natureza que tem sua alteração constante e disforme. O mundo é o caos e prossegue no caos. Cada coisa existe por si mesma.

Assim, o ser humano é tocado pelo mundo e o toca a todo instante. Vive, pois, em constante alteração. A cada minuto já não é mais o mesmo, como diria Heráclito. Pois que veio ao mundo, tem que viver. Não pode renunciar à vida. Se acreditar em um mundo superior (da ideia, dos deuses ou de um só deus), passa a vida em busca desse outro mundo, fazendo por merecê-lo. Daí obedecer a padrões de comportamentos que lhe são ditados não por sua vida, mas pela vida dos outros. São as normas editadas pela Igreja ou pelo Estado.

Movido por seus apetites, desejos e vontades, é natural que o homem queira aquilo que mandam seus sentimentos. O desejo

---

99 MARCUSE, Herbert. *Eros e civilização*. 8ª ed. Rio de Janeiro: LTC, 2008, p. 85.

faz parte de sua própria essência. Como não quer sofrer, busca o prazer. Quando passa frio, busca o calor. Quando quer ter as coisas, entrega-se ao consumismo (próprio dos dias atuais).

De qualquer maneira, se não assumir um mundo ideal (alguma religião), vê-se massacrado pela vida. Fica só (a vida lhe dá náusea, conforme Sartre). Tomado por sentimentos contraditórios, sente o pessimismo de Schopenhauer. E não consegue refrear os afetos, como afirma Spinoza.

Diante de tal perspectiva (sentir-se só, ter desejos reprimidos, não crer numa religião e num mundo pós-morte), o homem se junta em sociedade. Não da maneira romântica pensada por Platão, Aristóteles, nem por Hobbes, Rousseau e Locke. Os primeiros entendem que a reunião em sociedade decorre da impossibilidade de agirem sozinhos e que os homens se unem por força da necessidade. Os demais sustentam que o pacto social não decorre do movimento anímico de todos em determinada ocasião, renunciando à sua natureza para conviver em sociedade. O Estado não nasce assim. Ao contrário, o Estado nasce de conflitos, de conquistas, da guerra.

Não há ruptura do homem na natureza com o homem civilizado, de forma que o selvagem passa a ser o civilizado num golpe estratégico de inteligência. Ao contrário, as tribos de outrora eram guerreiras e impunham a dominação de seu modo de vida sobre as outras. Era a lei do mais forte. É Hobbes quem diz: "o homem é o lobo do homem", emprestando a frase de Plauto.

Como se pode entrever, o direito não é considerado um conjunto de normas, mas um instrumento de dominação (tema que desenvolvemos em *Indagação sobre os limites da ação do Estado*)[100]. O poder, que no estado de natureza era o direito de matar, passa a ser o direito de manter vivo. O poder no estágio primário era a força bruta, passando depois a ser dominação disfarçada.

No conceito moderno, o Estado significa o domínio do vencedor que impõe suas regras. Ou é a mera imposição da vontade do vencedor, ou a vontade dos fracos, que se organizam para dominar o mais forte. É o que se vê nas grandes comunidades de países que se organizam (União Europeia, Alca, Tigres Asiáticos) para dominar ou resistir à força econômica dos outros (China).

O direito passa a significar a maneira "civilizada" de regulamentar a guerra. Daí o Estado ser titular da violência, no dizer de Max Weber, exatamente para poder impor seus valores (aqueles que a classe dominante quer). A lei não é a expressão da vontade comum imposta à obediência de todos. É simplesmente a concretização da não violência.

O homem em estado natural tem seus impulsos, como se viu, e não abre mão deles. Simplesmente se submete *(pactum subjectionis)* ao mais forte ou o mais forte sucumbe ante a união dos fracos. Clausewitz afirmou que a guerra não passa da política continuada por outros meios.

4.1. A relação jurídica

Atualmente, a relação jurídica não significa senão a relação de dominação-sujeição. Toda lei reflete uma dessas relações.

---

100 OLIVEIRA, Regis Fernandes de. *Indagação sobre os limites da ação do Estado.* São Paulo: RT, 2015.

Seja condominial, familiar, contratual, tributária, penal etc. Todo relacionamento é impositivo e prevê sanções para o descumprimento do preceito.

Ocorre que tudo se passa sem que o dominado sinta a relação a que se acha submetido. Não mais a violência, nem a imposição. Simplesmente a coação disfarçada, a sujeição cordial sem se revelar o constrangimento. É a persuasão. A conquista por promessas. A estratégia de fazer com que o cidadão/indivíduo não sinta o peso da norma nem a constrição da ordem.

4.2. Violência simbólica

Como é importante que a população não sinta tal sujeição, instituiu-se a violência simbólica (Bourdieu), isto é, as pessoas podem votar, ser votadas, sujeitam-se ao salário mínimo, recebem vencimentos incompatíveis, não têm saúde ou ensino de qualidade, mas pensam que serão satisfeitas e que seus filhos alcançarão tais bens. Vivem com liberdade (ainda que a sociedade não seja democrática), pensam que as instituições funcionam a contento, mas não têm uma sociedade democratizada e com pleno amparo aos seus anseios. Iludem-se.

Se não se mantiverem como rebanho (expressão de Nietzsche), sofrerão repressão. Se começarem a fazer passeatas de reivindicação, sentirão o peso dos cassetetes. Se buscarem alterar a ordem política, serão reprimidas. Precisam se comportar.

Veja-se, pois, que a ordem é manter o rebanho unido por meio do direito. Nesse sentido, diz-se que o direito é mera dominação por meio de códigos de persuasão. Não por outro motivo é que a política significa a captação da vontade através de signos (liberdade, honestidade, direitos humanos, igualdade etc.), ainda que estes nunca se realizem.

O poder então é alcançado por aqueles que possuem a melhor estratégia (valores, códigos, mensagens midiáticas etc.) de conquista.

O estudo do direito não pode ser mais mera repetição de lições vetustas, desconectadas da vida real, da vida vivida nas ruas ou descoberta em seus bastidores. O direito advém da vivência, das lutas, dos desencontros sociais, dos conflitos, das incompreensões, dos desacertos. É como vive a sociedade. O direito busca disciplinar tais dissensos.

É o homem que vem sendo reprimido e iludido com o valor de sua posição social, de sua família, de sua segurança etc. É o homem que se deixa marcar na porteira, com o ferro da igualdade para integrar o grande gado humano.

Em suma, o direito formal é importante e deve ser estudado para compreender a estrutura do Estado e seu desenvolvimento, inclusive no Judiciário, o mais importante dos órgãos institucionais de repressão. No entanto, não se pode olvidar que o direito não é apenas a estrutura, mas a essência, isto é, a gênese da dominação dos instintos.

A guerra existe em todos os atos sociais e jurídicos e é o instrumento da dominação. Em tal passo, o direito funciona também como instrumento de dominação, porque mantém subjugados homens e mulheres que não venceram a guerra. O vencedor impõe sua verdade (Nietzsche) e suas regras, bem como as sanções em caso de infração. As ideologias, nesse passo, são fortes modos de captação da vontade ou da sensibilidade das pessoas. Servem de estratégias a para obtenção do poder.

A lide que aí se instaura é questão de dominação (o professor sabe mais que o aluno e o domina). Foucault ensinava que o problema é de estratégia, seja dos professores que buscam dominar o aluno (por meio de seu conhecimento repetitivo da doutrina e jurisprudência ou dos códigos ou da própria hierarquia institucional), seja dos alunos que devem utilizar a mesma estratégia (a busca do saber e a união dos mais fracos para dominar o mais forte) para que o professor saia do texto e sinta a vida.

O homem busca a alegria em contato com o mundo. Este nem sempre é amigo, com suas decepções, dores, tristezas. O homem busca superar tais desencontros não pela fuga ou pela ilusão, mas pelo seu enfrentamento.

4.3. O direito e a paixão

O direito é paixão. Vivido nas ruas, nos cárceres, nos laboratórios, na família, no comércio, nas discussões, no Parlamento, no Executivo, no Judiciário. O direito é tudo isso.

Da mesma forma, dessacralizou-se o mito para a introdução de outro ente sagrado, ou seja, o dinheiro, que comanda a sociedade hoje. Como deixar seu estudo de lado? Não sob o aspecto da leitura dos contratos, dos tratados, do direito financeiro e cambial, mas da estrutura de dominação em que ele se apoia. O dinheiro comanda a grande corrupção. O dinheiro seduz tudo e todos. Como desconhecer esse poderoso instrumento de dominação?

Como tudo é paixão (no sentido amplo da palavra em relação aos instintos), esta deve imperar na análise do fato jurídico que enseja a incidência da norma, não apenas sob o ângulo da subsunção, mas sob o aspecto do que está hipostasiado no fato empírico.

O direito, pois, não deve ser visto como mera forma. É guerra, dominação, poder e estratégia. O direito é paixão.

As paixões, aqui tomadas em seu mais amplo sentido, são compostas por todos os sentimentos que invadem o ser humano ou estão dentro dele. O ser humano é formado de maneira maniqueísta. Tem perante si o *bem* e o *mal.* O bem nele se reflete através dos bons sentimentos; o mal pelos maus afetos.

O ser humano não é racional. Não é a razão que nele decide nem é ela um centro controlador de todos os afetos que dentro dele se digladiam. Nele preponderam os sentimentos, os bons ou os maus: o amor, a solidariedade, a coragem, a temperança, a sobriedade; ou a ira, a inveja, a cobiça.

Não podemos rotulá-los, como fizeram autores do passado, de doenças. Tais sentimentos são o que são. Manifestam-se no interior do ser humano. Mas não são doenças.

O amor, principal sentimento do bem, desdobra-se em outros como a solidariedade, a compreensão, a bondade, a comiseração. O amor é sempre em relação ao outro. O amor por si próprio é narcisismo. O amor é sempre intersubjetivo.

O amor exacerbado converte-se em paixão (a perda do bom senso e da modicidade). Esta é fulgurante e efêmera. Explode em eflúvios de afetos e apaga-se com a mudança do humor.

O mal revela-se na ira, no desejo da vingança. O ódio, na insânia, na raiva, na avareza, na cobiça.

Para efeito deste estudo, basta dizer que o homem não tem o controle de seus sentimentos. Podemos ficar na lição de Spinoza, que entende existir o que rotula de *conatus*, isto é, a vontade de viver. Esta seria a essência do homem. Ele balança entre a *esperança* e o *medo*. A saber, a esperança é o sentimento futuro de que nada de mal ocorrerá. O medo pode se desdobrar em medo do futuro e do passado. O medo do passado assombra pela possível repetição do mal. O do futuro busca impedir que algo de ruim aconteça.

Entre os dois o ser humano oscila. A ação dependerá de que afeto prevalecer no seu conflito interno.

Esses sentimentos se refletem no direito. Quando da tomada de decisões no governo, tais sentimentos se concretizam, seja no campo meramente normativo, seja, por exemplo, no da arte.

A proteção a um artista, a subvenção de seu trabalho, o auxílio para aquisição de materiais, bem como para exposições, a própria compra das obras, fazem parte do emotivo. Depois de o nome do artista estar consolidado e suas obras serem aferidas pelo mercado, já não haverá tanta margem de manobra para manipulação das compras. Antes, no entanto, tudo é possível. O patrocínio a um artista por parentesco com governantes ou mera simpatia podem levar não apenas à compra de obras, mas também à montagem de exposições.

Igualmente ensejará toda sorte de transtornos e prejuízos para a dignidade do artista. Perseguições, avaliações duras na mídia por críticos vinculados ao governante, tudo pode atuar em repúdio a alguém.

O homem é ser da natureza. Sua implicação familiar, social e política surge ao longo da vida. Quando nasce, se não alimentado e protegido, morre. Os animais, ao nascerem, já estão prontos. Nada muda em sua natureza, salvo adaptações a ela própria, pela diversidade de situações, como explicou Darwin. Já o homem tem que ser feito no dia a dia, no que Rousseau denominou *perfectibilidade.*

Sem qualquer indagação sofisticada, basta a afirmação de que estamos em contato com o mundo. Este nos afeta positiva ou negativamente. A todo instante recebemos afecções da natureza e das pessoas.

As reações podem vir do corpo ou da mente. Estaria certo o dualismo de Descartes? O corpo reage aos fenômenos da natureza. A mente sofre os percalços dos sentimentos.

Importa saber como grandes pensadores contribuíram para o conhecimento humano a respeito das paixões. Hoje a neurociência tenta analisar a intimidade do ser humano em suas relações intelectuais e sinapses.

4.4. A neurociência. Antonio Damásio

O autor assinala que "nem todas as ações comandadas por um cérebro são causadas por deliberação. Pelo contrário, é correto supor que a maior parte das ações causadas pelo cérebro e que estão ocorrendo neste preciso momento não são de todo deliberadas".[101] Daí os impulsos e instintos que operam "diretamente pela geração de um determinado comportamento, quer mediante estados fisiológicos que levam os indivíduos a agir de determinado modo, de forma consciente ou não".[102]

---

101 DAMÁSIO, Antonio. *O erro de Descartes.* São Paulo: Companhia das Letras, 2010, p. 115.

102 Ibid., p. 143.

O erro que consta do título da obra de Damásio foi Descartes ter efetuado a separação da mente e do corpo. A dualidade não convence. A *res cogitans* não está fora da *res extensa.*

Antonio Damásio, em recente livro, estuda profundamente os afetos. Esclarece que "estimo que os sentimentos impulsionam, avaliam, negociam nossas atividades e nossas produções culturais, e que seu trabalho não foi até aqui reconhecido em seu justo valor". [103]

A essência da ideia de Damásio é:

> A atividade cultural começou com a percepção das emoções e a elas permanece ancorada [...] A interação (favorável e desfavorável) dos sentimentos e da razão deve ser levada em conta, sem o que nos será impossível de compreender os conflitos e as contradições que são o coração da condição humana.[104]

A palavra-chave para isso é *homeostasia,* processo de regulação pelo qual o organismo mantém constante seu equilíbrio.

4.5. Origem. A homeostasia

O mundo ter-se-ia originado de bactérias. O autor afirma que "seria ridículo reduzir a complexidade de nossas regras morais e jurídicas ao comportamento espontâneo das bactérias".[105]

---

103 Id. *L'ordre étrange des choses:* la vie, les sentiments et la fabrique de la culture. Odile Jacob, nov. 2017, p. 11-12.

104 Ibid., p. 14.

105 Ibid., p. 35.

Numa segunda etapa vêm os insetos; depois os humanos. As bactérias obedecem a um código de ação; os insetos formam organizações; os humanos inventam e criam.

Homeostasia refere-se ao conjunto fundamental das operações que estão no coração da vida, desde sua emergência na bioquímica primitiva (desde muito tempo desaparecida) até nossos dias. *Homeostasia* "é o imperativo forte, não refletido e silencioso que garante a persistência e o predomínio de todos os organismos vivos".[106]

Na definição clássica, *homeostasia* "é a capacidade comum a todos os organismos vivos de manter – permanentemente e de maneira automática – suas operações funcionais numa opção de valores compatíveis com a sobrevivência".[107]

Assim nascem as células, o sistema nervoso e o organismo.

Surge a capacidade de gerar imagens cada vez mais complexas. A geração de imagens do mundo exterior está situada no organismo. As imagens brotam do mundo exterior, mas provêm também do mundo interior.

Em *Livro do desassossego,* Fernando Pessoa disse que a alma parece uma orquestra interior. A fabricação de imagens é fruto dos dispositivos nervosos. Depois, as traduzimos pela linguagem.

O espírito que domina nossa existência está relacionado com o mundo ao nosso redor, presente ou rememorado. Há um mundo mental que explode em *sentimentos.* "Os sentimentos acompanham o desenvolver da vida em nosso organismo, sejam percebidos, apreendidos, rememorados, imaginados, racionalizados,

106 Ibid., p. 40.
107 Ibid, p. 70.

julgados, decididos, planificados ou criados mentalmente".[108] A ausência de sentimentos provoca uma suspensão do ser.

Os sentimentos são experiências mentais "e são conscientes por definição [...] Seu conteúdo refere-se sempre ao corpo do organismo do qual emerge".[109] Ainda segundo o autor, "Os sentimentos são percepções de certos aspectos do estado do vivente no interior do organismo".[110] Os sentimentos são espontâneos e provocados.

> Chamamos de *temperamento* a maneira mais ou menos harmoniosa com que reagimos aos choques e sacudidelas da vida, dia após dia – é o produto de longo processo de educação e de sua interação com os mecanismos fundamentais da reatividade emocional.[111]

Os sentimentos não são acontecimentos puramente neurais. São concebidos por sua regulação vital. Fornecem informações sobre nossa homeostasia de base ou sobre nossa condição social.[112]

A consciência é composta de diversos elementos e imagens.

Numa sessão de cinema assistimos ao filme e nos desligamos de tudo o mais. Certa cena nos desperta a consciência:

> A consciência é um estado de espírito particular no qual as imagens mentais são impregnadas de uma subjetividade e são projetadas no nosso espírito de maneira integrada, mais ou menos longo. [...] Todas as faculdades mentais intervêm no processo cultural humano.[113]

108 Ibid., p. 144.
109 Ibid., p. 147.
110 Ibid., p. 149.
111 Ibid., p. 162.
112 Ibid., p. 200.
113 Ibid., p. 220; 235.

Uma das funções da cultura é domar a besta que se manifesta frequentemente em nós. Daí o uso dos algoritmos, que consiste em uma fórmula, uma receita, a enumeração de etapas em vista da obtenção de resultados precisos.

4.6. Os algoritmos

Afirma Damásio que

> A governança requer longo processo de negociação, que estão diretamente ligados à biologia dos afetos, dos conhecimentos, do raciocínio e da tomada de decisão. Nós estamos irremediavelmente tomados por mecanismos dos afetos e seus arranjos com a razão. Impossível escapar disso [...] As soluções culturais atuais e sua aplicação não podem escapar de suas origens biológicas.[114]

Os humanos devem domar os aspectos mais bárbaros de sua natureza. Cultura ou civilização são os nomes que damos aos frutos acumulados de tais iniciativas.

Vemos que as emoções (os afetos) são a mola de todo o comportamento humano, tendo o *desejo* como propulsor do ser humano. Aqui, impõe-se analisar a fenomenologia.

---

114 Ibid., p. 317.

CAPÍTULO V

PROPOSTA DA FENOMENOLOGIA

5. Proposta de hermenêutica à luz da fenomenologia

O que ela pretende é outro pensamento sobre o direito. No início, não havia uma teoria sobre o direito. Ora era o direito formular, ora o místico. Os autores, à época, evidentemente, sem nenhuma depreciação, viam o fenômeno jurídico sob óticas diversas. Era a solenidade, a liturgia, o apego ao julgamento xamânico, a decisão relegada ao transcendente.

Eram formas justificadas. Até o advento da teoria cristã, os julgamentos dependiam dos ordálios ou juízos de Deus. A sorte era lançada e deixada à capacidade física dos litigantes.

Com o advento do Iluminismo e dos filósofos que se dedicaram ao assunto, o sistema de julgamento foi transferido a uma decisão política do governante. Editava um comando e todos a ele deviam se submeter.

Cria corpo a teoria normativa. Kant, Kelsen e outros começam a afirmar que nada existe no mundo jurídico se não for pela existência de uma norma jurídica. Assim, cabe à lei decidir o que é permitido, obrigatório ou vedado. Os modais deônticos passam a disciplinar a conduta humana.

Surge a noção de *sistema jurídico ou normativo* e todos os comportamentos humanos devem estar ali previstos para que os indivíduos a ele se submetam. Vem a reação e, pois, a volta ao *direito natural*, à *livre interpretação,* ao direito encontrado nas ruas.

Com Descartes chega o homem ao conhecimento de si. O *cogito* era a única certeza a que se podia chegar. Com Kant e seu apriorismo nasce o contato do sujeito com o objeto. Apenas no conhecimento da coisa é que o homem pode ter sua dimensão. Com Heidegger, a visão jusfilosófica começa a ter outra dimensão. Desmistifica o *ser*[115] como sendo o conceito "mais universal".

Husserl afirma que o primeiro grau da consideração fenomenológica é o *cogito.*[116] Só que o *cogito* não nos remete ao objeto. Por isso é necessária a *redução fenomenológica*, isto é, a tomada de consciência pela reflexão. O terceiro passo é o *fenômeno*, ou seja, tudo que se revela à consciência. O *fenômeno* não significa apenas o que se detecta pelo conhecimento empírico. Ocorre então a *epoché,* palavra grega que significa *suspensão do consentimento*. Em princípio, se duvida da coisa tal como é (coisa em si). A fonte de certeza se encontra na consciência.

Essas afirmativas são confirmadas por Paul Ricoeur[117]. Fenomenologia designa um método e uma atitude intelectual. Nesse sentido, o *imanente* (as coisas do dia a dia) é simplesmente o que existe. O *transcendente* (o que está fora das coisas) depende da consciência. É como as coisas se apresentam para mim.

Os objetos da fenomenologia não são os fatos, mas as essências, isto é, dados universais que a consciência intui quando eles se apresentam. É o que se denomina de *redução eidética.* Prescindimos dos objetos, mas vemos a essência com que se apresentam ao sujeito. Se sinto um odor, não sinto a aparência de

---

115 HEIDEGGER, 2014, p. 33; 35.

116 HUSSERL, Edmund. *A ideia da fenomenologia*. Lisboa: Ed. 70, 2015, p. 21.

117 RICOEUR, Paul. *Le conflit des interpretations*: Éssais d'hermeneutique. Paris: Éditions du Seuil, 2013, p. 307.

um perfume, mas ele próprio. Se escuto uma música, não sinto a aparência da música, mas escuto a própria música.

Para compreender o direito impõe-se superar o lugar comum a que estamos habituados. Nossa origem romana dificulta o entendimento, porque nos habituamos a ser estritamente formalistas.

Temos, então, que superar o raciocínio sujeito-objeto. Temos que superar a compreensão de que existe um ser que pretende alguma coisa em face de outra (da relação jurídica). O alguma coisa é o *ente*. O *ser* são os sujeitos da relação. Como diz Heidegger, "ente é tudo aquilo de que discorremos, que visamos, em relação a que nos comportamos desta ou daquela maneira [...] Ser reside no ser-que e no ser-assim, na realidade, na subsistência, no consistente, na validade, no *Dasein*, no 'dá-se'".[118]

Estamos estritamente habituados a ver uma relação jurídica em face de dois seres regida por uma regra. Não é a norma que dará a dimensão da realidade jurídica. É o ser humano. É ele que subjaz à relação. Ele não só é parte da relação, mas o destinatário da norma.

O direito tem sido visto como conjunto de princípios e regras que disciplina o comportamento humano. A isso se pode acrescentar a sanção como consequência do comportamento contrário à conduta imposta.

Propõe-se uma inversão. Em primeiro lugar a relação consciência-de-si com a consciência-de-si. Dois sujeitos (dois seres). Uma consciência *reconhece* a outra. Ambas vivem em determinado espaço e no mesmo tempo. Relacionam-se em torno

118 Ibid., p. 45.

de uma coisa (realidade). É este o fato que deve ser analisado. À luz de préconcepções, de atos de autoridade, da realidade histórica, da relação entre os sujeitos.

Há um *perfil* que se apresenta a cada um dos seres que estão em relação. A cada um a coisa se apresenta segundo determinado perfil. Importa observar que a coisa objeto da relação se afigura a cada um dos sujeitos de uma forma. Estes a captam de acordo com sua apresentação. O entendimento de cada um é como ele vê, sente ou se sente alcançado pela coisa no mundo.

Por trás do entendimento e da compreensão há a ideologia. Esta não é consequência da relação. É antecedente. Como diz Slavoj Zizek, há a visão em paralaxe, ou seja, "de um ponto de vista sempre mutável entre dois pontos entre os quais não há síntese nem mediação possível".[119] Paralaxe significa o deslocamento aparente de uma coisa na medida em que se altera o local da observação.

O que propomos é que o *fato jurígeno* (fenômeno) seja objeto de estudo em primeiro lugar, independentemente da incidência da norma. O que vale é o ser-em-si, tal como é visto. Ele é captado pela consciência do ser, que está em conexão com o outro. Cada qual tem sua visão do fato. É o perfil que é captado. Se cada um tem o *desejo* de ter a coisa ou acha que tem direito sobre ela, surge o que se denomina *lide*. Daí nasce o conflito que, então, relaciona os sujeitos (seres).

A paralaxe nos coloca em posição invertida, ou seja, não se parte da norma para saber onde ela incide. Inicia-se com a tomada de consciência do fato em si (que relaciona duas

---

119 ZIZEK, Slavoj. *A visão em paralaxe*. São Paulo: Boitempo, 2008, p. 14.

pretensões – desejos) que dá início a um conflito de pretensões. Cada consciência-de-si é tocada por um perfil do fato. Capta-o e dá-lhe uma consequência decorrente do desejo de ter a coisa ou de ter algum direito sobre ela.

Surge a relação entre os sujeitos. Cada qual com sua visão da relação.

A pretensão de cada um decorre dos sentimentos envolvidos na relação. As afecções decorrem de sentimentos positivos ou negativos. Dependendo de como o fato é recebido pela consciência do sujeito, ele se volta para exigir o cumprimento do que pensa ter razão. Outra é a face da consciência do outro sujeito que, igualmente, estando na situação, vê as coisas de outra forma.

Assim, impende analisar na ocorrência fática não apenas como ela se deu, mas também os sentimentos envolvidos e a forma com que cada qual se encontra na situação. Antes, no entanto, o pensamento deve estar livre de apriorismos e de preconceitos, tão puro como o pensamento selvagem.

5.1. O pensamento selvagem

Foi Levi-Strauss quem estudou a língua dos indígenas. O que rotula de *pensamento selvagem* não é o pensamento do selvagem, mas *em estado selvagem*, ou seja, sem o polimento que lhe deu a civilização por meio de suas regras e da gramática. O pensamento selvagem está ao nível do sensível; enquanto o domesticado, em nível regrado e científico. É o pensamento em seu livre exercício, sem conexões gramaticais. Representa a vida em seu estado puro. Como diz Paul Ricoeur, "c'est la pensée de l'ordre, mais c'est une pensée qui ne se pense pas".[120] Pensamento que não se pensa. Fantástico. Pensa na ordem, mas não se reconhece.

O pensamento incidente sobre a coisa em si. É isso que queremos dizer com a volta à situação fática. É o pensamento despido dos apriorismos kantianos e do *cogito* cartesiano. É o pensamento que se volta para coisas simples e vê a coisa em si.

As coisas ou são fluentes (Heráclito) ou imóveis (Parmênides). A interpretação não se perde em tais minúcias nem em suas discussões eternas, mas busca compreender as manifestações da vida.

A compreensão incidirá sobre a *experiência vivida.* A hermenêutica não se fecha. Ela se abre ao universo da vida. Pode ele estar representado por sinais ou símbolos, e é sobre eles que incidirá a exegese.

As palavras, como se sabe, são, muitas vezes, polissêmicas (com mais de um sentido) e têm textura aberta (não retratam apenas uma só coisa ou situação, mas alcançam diversas coisas ou situações).

Por isso há que conhecer a situação vivida. A hermenêutica incidirá, primeiramente, sobre o fato que retrata e, apenas após, sobre a linguagem-objeto (norma jurídica). Nesse sentido é metalinguagem. A ciência jurídica é metalinguagem da linguagem-objeto.

Assim, pela ordem em que se desenvolve o conhecimento, o primeiro estágio é a apreensão do *fato*, mas não do *fato empírico,* como queria Hume, mas do fato enquanto *fenômeno*, ou seja, na

120 RICOEUR, op. cit., p. 70.

medida em que é apreendido pela consciência, da forma como ele se apresenta e segundo determinado perfil.

Assim, não se trata do *fato* enquanto acontecimento empírico, mas de como ele se apresenta a mim.

O passo seguinte é conhecer a relação que se instaura entre dois sujeitos (duas consciências) e como um terceiro os recebe.

O pensamento simples é o mero ver ou sentir das coisas. Husserl supera isso ao afirmar que "na evidência, a coisa ou o 'fato', não é somente 'vista', de maneira distante e inadequada; *ela própria está presente diante de nós*".[121] Trata-se do rotulado *pensamento eidético*, ou seja, aquele que vai à essência das coisas. Não busca descrever uma vivência factual, mas essência de vivências.

Assentado que o método de análise do direito será esse, qual seja, o fenomenológico, prossigamos.

Em primeiro lugar, importa o fato, não como acontecimento empírico, mas enquanto significado. Ao se discutir um gasto público, por exemplo, não basta analisar que sairá determinada quantia dos cofres públicos e irá para algum particular, nem a operação financeira que do fato decorre, objeto das finanças públicas. Isso é estudado pela contabilidade.

O que se deve analisar é a essência do vivido, ou seja, quem determinou a despesa, para quem irá, o propósito da inserção da verba no orçamento. A necessidade de sua determinação. A finalidade que irá atingir. Enfim, é um pensamento transcendente.

A mera análise factual é simples e desprovida de significado jurídico. Toda questão impõe uma procura e uma direção e qual

---

121 HUSSERL, Edmund. *Meditações cartesianas.* São Paulo, Madras: 2001, p. 28.

a finalidade da tomada de decisão. Observe-se que não se cuida de mero conhecimento ôntico (dos entes), mas *ontológico* (dos seres).

O ôntico está no mundo. O ontológico, no ser. São situações bastante diferentes.

5.2. O fenômeno e o vivido

O fenômeno jurídico financeiro, então, não pode receber mera análise ôntica, ou seja, deparar-se com um fato empírico ocorrido dentro da perspectiva financeira ou contábil. Com tal análise, vê-se apenas parte do aspecto jurídico. Não menos importante, é verdade, mas que não nos dá noção do vivido em sua completude. Apura-se, aí, o mero *fato* contábil ou financeiro. Diversa é a percepção do *fenômeno financeiro.*

O *fenômeno*, como se viu, não é mero acontecimento empírico. Apresenta-se ao sujeito (consciência-de-si) com perfis. Esse perfil transcendente deve ser compreendido em sua inteireza. Para o conhecimento jurídico não vale apenas parte do fenômeno. Ele se apresenta como um todo. O gasto com uma compra de medicamentos, por exemplo. Impende indagar, sob o ângulo fenomenológico, quem ordenou a compra (tinha competência para fazê-lo?). O valor despendido está correto? Há adequação entre a necessidade do destinatário e a compra efetuada? O destino do medicamento está correto? O procedimento de aquisição atendeu aos procedimentos adequados?

O *fenômeno*, pois, deve ser apresentado em todas suas dimensões. É como ele se apresenta ao sujeito. Este, enquanto tal, mesmo identificado com determinada competência, deve estar qualificado pelo ordenamento para emitir a ordem.

Não se pretende restringir as indagações ao campo da validade. Este é apenas um dos aspectos do fenômeno jurídico. Há que indagar sobre a eficácia e sobre a vigência. A norma jurídica invocada para a expedição do ato é vigente? Por outro lado, está em condições de explicitar os efeitos a que está preordenada? Da mesma forma, é o ato jurídico que deflagra os efeitos de investir os licitantes na condição de ofertadores?

Não se questiona, também, a importância do conhecimento sintático no direito. O entrelaçamento das normas entre si, a sintonia que deve existir entre elas, a compatibilidade lógica entre a norma de mais força com a de menor, tudo é absolutamente relevante no direito. Nada deve ser excluído, sob pena de fornecer uma visão vesga ao fenômeno que se analisa.

Igualmente, não se pode desconhecer a relação semântica, na teoria dos significados, matéria para o estudo da linguística. É que os fatos e os fenômenos só podem ser identificados e narrados sob o ângulo da língua. Esta utiliza palavras, cada qual com seu significado, nem sempre único. Os termos são polissêmicos. Uma mesma palavra tem ou pode ter diversos significados e essa multiplicidade pode provocar alterações.

5.3. A linguagem e os signos. Exegese alegórica

A hermenêutica não se fecha no universo dos signos. Ao contrário, participa da abertura dos sentidos. A característica da hermenêutica é o predomínio da linguagem sobre a coisa, o que se faz de modos diversos.

Vê-se, então, que a captação integral do fenômeno jurídico não é simples. Imprescindível toda uma massa de conhecimentos teóricos para bem compreendê-lo.

A *palavra* é uma expressão linguística dotada de sentido. Qualquer uma pode ter um significado diferente, dependendo da tonalidade com que é utilizada. Como diz Paul Ricoeur, "o ato de falar não é somente excluído como execução exterior, como performance individual, mas como livre combinação, como produção de enunciados inéditos".[122] O pensamento é formado em nossa mente com a palavra. Pensamento e palavra são indissociáveis.

"Las palabras representan cosas", diz John Hospers, professor de filosofia do Brooklin College de New York[123], não apenas coisas físicas, mas a tudo que nos referimos. Em verdade, são símbolos linguísticos que identificam a linguagem.

Sem dúvida, as palavras representam coisas. Não repete a realidade, mas sim uma perspectiva dela. A linguagem é só palavra. A realidade não está no pensamento. A linguagem é produto de convenções, inclusive no que toca ao conteúdo de cada palavra. A *moral*, por exemplo, varia segundo o passar do tempo. Posso ter um conceito de moral, mas é inadmissível conceituá-la sem enquadrar o fenômeno analisado dentro do tempo.

A palavra pode produzir realidade: por exemplo, o juiz julga e *condena um réu*. Ele está transformando e produzindo

---

122 RICOEUR, 2013, p. 126-127.

123 HOSPERS, John. *Introducción al análisis filosófico*. Buenos Aires: Macchi, 1961, vol. 1, p. 11.

realidade. Aquele que até então era presumido inocente, passa a ser culpado por determinado crime e terá que cumprir pena.

Bakhtin diz que "na prática viva da língua, a consciência linguística do locutor e do receptor nada tem a ver com um sistema abstrato de formas normativas, mas apenas com a linguagem no sentido de conjunto dos contextos possíveis de uso de cada forma particular". Em seguida, garante que "a palavra está sempre carregada de um conteúdo ou de um sentido ideológico ou vivencial".[124]

A linguagem nunca é neutra. Tem sempre um sentido e está carregada de uma tendência psicológica de cunho político. A ideologia está presente em cada palavra e em cada frase. Ademais, o "sentido da palavra é totalmente determinado por seu contexto".[125] De fato, há tantas significações possíveis quantos contextos possíveis.

Não se pode desconhecer que ideologia é forma de privatização da linguagem. Na medida em que tenho determinada ideologia, afasto as demais. Privatizo-a em benefício de uma ideia. A ideologia nazista, por exemplo, apropria-se de um uso privado da linguagem para captar o outro conforme determinado rótulo, buscando demonstrar que este é o caminho certo. Nesse sentido, há verdadeira redução da linguagem.

Ocorre que é impossível a transmissão de algo sem que esteja prenhe de conteúdo ideológico.

Além disso, a polissemia só pode ser resolvida pela dialética. Por fim, "a enunciação é de natureza social".[126]

---

124 BAKHTIN, 2010, p. 98-99.
125 Ibid., p. 109.
126 Ibid., p. 113.

Em suma, o autor sugere que toda palavra e toda frase têm um conteúdo específico, dentro de um contexto social, e o seu sentido só pode ser demonstrado dentro dessa *situação*. Trata-se de como o sujeito capta o fenômeno do ser-aí jogado no mundo.

Por outro lado, pode haver a representação por signos. Nas palavras de Mircea Eliade, "o homem enquanto ser histórico, concreto, autêntico, é 'situado'".[127]

É curioso como há certa unanimidade entre os autores ao salientar a situação vivida como a única a gerar efeitos. Bourdieu alega que "a interpretação opera a *historicização da norma*, adaptando as fontes a circunstâncias novas, descobrindo nelas possibilidades inéditas, deixando de lado o que está ultrapassado ou o que é caduco". No dizer dele, "os símbolos são os instrumentos por excelência da 'integração social'". Distingue o símbolo da ideologia porque esta é "produto coletivo e coletivamente apropriado, servem a interesses particulares que tendem a apresentar como interesses universais, comuns ao conjunto do grupo".[128]

As palavras (signos, símbolos) nos permitem conhecer o mundo. Não apenas isso, mas transmiti-lo aos demais.

S*igno* é sinônimo de sinal, isto é, uma representação de um conteúdo semântico (uma figura, um gesto, uma palavra). No direito financeiro, o ato do leilão público, por exemplo, é representado, no lance final, pelo martelo do leiloeiro. É um gesto. O trânsito é sinalizado por semáforos. O policial rodoviário, ao determinar que paremos, faz sinal (signo) com o braço.

---

127 ELIADE, Mircea. *Imagens e símbolos*. São Paulo, 2012, p. 28.

128 BOURDIEU, Pierre. *O poder simbólico*. 11.ed., Rio de Janeiro: Bertrand Brasil, 2007, p. 10; 223.

Fala-se em sinais naturais: o gibão (*O corcunda de Notre Dame*, de Victor Hugo) ou o sinal facial (*O homem que ri*, do mesmo autor).

O *símbolo* identifica outra coisa e tem significado. Há um acordo consensual que lhe empresta um significado. O vermelho no semáforo significa uma ordem de parar; o verde, de avançar.

Signo é mera exteriorização do pensamento. *Símbolo* é o significado dado. Todo símbolo é um signo, mas nem todo signo é símbolo.

Importante observar que a interpretação de uma norma jurídica não pode ser estática, isto é, a norma, uma vez editada, busca alcançar fatos que se passam a partir de sua vigência. Ora, a situação efetiva, ou seja, a ocorrência dos fatos, muda de acordo com a alteração dos costumes, usos, hábitos da sociedade. Estes são fluentes e não estáticos. Assim, quando da edição da norma, a sociedade era uma; quando da incidência da norma, a sociedade é outra.

Como aceitar que a interpretação seja a mesma? Alterados os fatos, representados ou não pelos signos, a norma, ainda assim, incide. Já não se pode mais dar a mesma solução para *fatos novos*. Como se vem dizendo, trata-se de como os *fenômenos se apresentam*. O fato pode ser o mesmo, mas a forma como ele se apresenta ao intérprete (consciência-de-si) será diferente e diversa deverá ser a interpretação.

Podemos nos socorrer do que se rotula *exegese alegórica* tratada por Cícero ao afirmar que as coisas e as opiniões são diferentes, "pois aqueles que têm o nome de deuses são propriedades da natureza, e não figuras de deuses propriamente ditos".[129] *Exegese alegórica* significa dar a entender uma coisa diversa da que é dita. Diógenes Laércio diz que Deus é o pai de todas as coisas, "mas recebe múltiplas denominações".[130] Assim, Zeus é a causa da vida; Atenas, o éter; Hera, o ar; Hefestos, o fogo; Poseidon; a água; e Deméter, a terra.

Os conceitos foram recolhidos pelos estoicos na afirmação de que Deus é a natureza. Devemos, pois, ter cuidado no emprego de palavras que podem significar outras coisas. Uma coisa é o significado corrente, do qual não nos devemos afastar; outra coisa é utilizar uma palavra com dado conteúdo semântico, mas com outro significado. Se não nos entendermos podemos quebrar a comunicação. Assim, a *exegese alegórica* é utilizada em diversas circunstâncias, mas com a precaução assinalada.

Santi Romano cuida do assunto à luz do que rotula de *interpretação evolutiva,* entendendo ser ela uma manifestação mais ou menos livre para adaptar o conteúdo da norma a exigências práticas surgidas posteriormente a sua edição.[131]

Ele mesmo entende não ser necessário utilizar a expressão para analisar "la evolución del ordenamento jurídico mismo".[132]

Hans Gadamer resolve isso com a análise do *vivido*, ou seja, do fenômeno enquanto se apresenta ao sujeito. Dentro de um espaço e tempo determinados.

Encontra-se superada, portanto, a dupla incidência de sujeito e objeto (o que se rotula de *subsunção*). Não há apenas a

129 CICERO. *Da natureza dos deuses*. Lisboa, Ed. Vega, 2004, p. 152.

130 LAERCIO, Diógenes. *Vida e doutrina de filósofos ilustres*. VII, p. 147.

131 ROMANO, Santi. *Fragmentos de um dicionário jurídico*. Buenos Aires: Ed. Europa-América, 1964, p. 206-213.

132 Ibid., p. 213.

captação do objeto pela norma ou da norma que enquadra o objeto em suas hipóteses. É imprescindível uma norma, um fenômeno e um sujeito (tríplice, pois, a relação). É que o objeto em si é apenas e tão somente o ser-em-si. Ou o nada, no entendimento sartreano. O objeto em si só começa a ter significado quando se apresenta ao ser-para-si. O sujeito (consciência-de-si) depara-se com a coisa que a ele se apresenta. Em decorrência disso, pode-se operar um valor dela que se vê igualmente captado pelo sujeito em sua interioridade. A saber, a coisa em si é nada. Apenas tem relevância na medida em que entra em *relação* com o sujeito. Esse enfrentamento ocorre também com a norma que incidirá sobre o perfil da coisa. Temos, então, uma *relação*; não a mais mera subsunção da coisa à norma ou da incidência desta sobre a coisa.

É o *significado* ou *perfil* com que a coisa se apresenta que deflagrará determinado efeito. A saber, a coisa em si jogada no mundo não é *nada*. É coisa. Apenas passa a ter existência para o interior do sujeito quando se apresenta a ele segundo determinado perfil. O sujeito entra em *relação* com a coisa em sua apresentação (não simplesmente como coisa, mas com um significado ou um perfil).

Na sequência e imediatamente, ambos estão relacionados com a norma que deixa de ser mera previsão genérica e impessoal, para entrar em *relação* com sujeito e fenômeno.

A partir daí é que se pode falar da hermenêutica como interpretação dos fenômenos jurídicos (não de fatos).

Por outro lado, o sujeito não se exibe na relação apenas como sujeito, mas como alguém repleto de sentimentos. Estes passam a fazer parte, também, da relação jurídica.

Isso porque, na medida em que entra em relação com o fenômeno, o sujeito detecta-o segundo determinado perfil. Esse perfil não é apenas a apreensão do fenômeno. É a relação que aí se instaura, sob determinado perfil que é captado pelo sujeito. Este não é um robô, um autômato. É alguém movido por sensibilidade (pelo sentimento trágico da vida, como diria Miguel de Unamuno). Essa sensibilidade toca o sujeito.

Afirmamos que o sujeito está jogado no mundo, tocando-o e sendo por este tangenciado. Sofre, por consequência, os efeitos de todos os pontos de atrito e de contato com o mundo. Altera-se a cada instante. Sofre continuamente com o contato não apenas com o mundo, mas também com o outro.

O sujeito não é apenas ele, e nem está sozinho. Alegra-se com um bom-dia ou com uma gentileza do outro. Aumenta sua potência com um dia lindo de sol e se entristece com um dia feio de chuva que o impede de sair. Alegra-se com uma notícia positiva (nascimento de um filho) e se entristece se o filho que tanto esperava é natimorto.

De igual maneira, entra em relacionamento com o outro (inúmeros sujeitos que com ele convivem ou simplesmente passam por ele). Alegra-se ao receber o sorriso de uma criança e entristece-se se alguém lhe faz uma grosseria gratuita.

Em suma, o sujeito é tocado pelo mundo empírico e também pelos outros. Tudo ingressa em seus sentimentos.

Pretende-se dizer que, quando o sujeito entra em relação com o fenômeno e também com a norma jurídica, ele é alguém prenhe de afetos. Logo, ao visualizar o perfil do fenômeno, interpreta-o de determinada maneira. Por um dos perfis do fenômeno, mas também como alguém prenhe de sentimentos.

O outro, que também participa do mesmo relacionamento fenomenológico, recebe outro perfil do fenômeno. Cada qual o vê por um perfil e, pois, com sentimentos diversos. Cada um dos sujeitos foi tocado pelo mundo e pelo outro e é um sujeito diferente daquele que recebeu o fenômeno.

Ambos participam da mesma relação. Ao terem notícia de uma invasão de terras ou de imóvel urbano, cada sujeito recebe o fenômeno por determinado ângulo. Alguém mais conservador, por exemplo, verá o fato em si pelo perfil de desregramento normativo, de comportamento contrário àquele previsto no sistema e em detrimento do direito de propriedade. Outro, tomado por sentimentos sociais, verá o fenômeno como fruto das diferenças sociais e das desigualdades existentes na sociedade e o perceberá por outro perfil.

Como não dizer que os sentimentos (aqui englobadas não apenas as convicções políticas, econômicas, sociais, mas também a formação intelectual de cada qual, bem como a complexidade de seu subjetivismo depurado por longa vivência ou por contatos particulares e públicos) entram no direito segundo determinado ângulo de visualização dos fenômenos?

Diga-se o mesmo da elaboração das normas. Cada legislador tem seus sentimentos moldados por convicções pessoais, religiosidade mais ou menos arraigada, cultura, afetos ligados à família. Cada um é diferente do outro. Há uma mescla de sentimentos em confronto ou em sintonia.

Diante de um fato social que perante eles se apresenta (fenômenos), um perceberá a necessidade da normatização do fato sob um ângulo diferente de todos os demais. Alguém terá interesse em aprovar um texto normativo. Outro será contra ele por ferir sua religiosidade. Um terceiro será favorável por simpatia com o autor do projeto ou com seu conteúdo. Enfim, cada legislador perceberá o fenômeno segundo determinado perfil. Reagirá de acordo com seus sentimentos e convicções.

O ser humano não é, pois, desprovido das afecções que adquire ao longo da vida. Dependendo delas, reage. Logo, aprova ou não uma lei de acordo com seus sentimentos, que serão diferentes de outros contrários e que negarão seu consentimento e voto.

Não se pode dizer, pois, que uma norma jurídica é neutra. É um texto representado por palavras que, por sua vez, também guardam seus diversos significados.

O legislador não se confunde com o texto aprovado, nem com suas diversas interpretações. Tampouco o juiz. É um ser igualmente (como todos os demais seres humanos) tangenciado por seus afetos.

A interpretação que fará dos fenômenos tal como se lhe apresentam será informada por seus sentimentos, sua formação pessoal, convicções políticas, religiosidade etc.

Karl Engish[133] transmite bem a ideia do que se quer dizer e como as coisas são entendidas. Shakespeare, em *A tempestade*, diz,

---

133 ENGISH, Karl. *Introdução ao pensamento jurídico*. 3ª ed. Lisboa: Fundação Calouste Gulbenkian, 1964, p. 137.

pela boca de Gonçalo: "Vós haveis falado mais acertadamente do que estava em vossa intenção", ao que Sebastian responde: "E vós havei-lo entendido mais inteligentemente do que eu o pensei". Goethe esclarece: "Interpretai com frescor e vivacidade – se não tirarmos e libertarmos o sentido da letra, algo aí nos ficará oculto". E Gide afirma: "Antes de explicar o meu livro aos outros, aguardo que os outros o expliquem para mim".

Pode-se dizer, pois, que a interpretação não é um ato de conhecimento, nem de dedução ou indução, mas é a representação mais viva da interioridade do juiz. O mesmo se pode dizer dos advogados, dos membros do Ministério Público, dos juristas e de todos os que convivem com o direito.

Já deixamos claro o que ocorre com o parlamentar de qualquer esfera. A solução não é diferente em relação aos inúmeros integrantes do Poder Executivo, não importa seu *status*. Do presidente ao mais inferior dos funcionários, cada qual é um centro de afetos.

Muitos tentam afirmar que as decisões são tomadas com rigor técnico, livre de ódios ou amores, de qualquer embaraço mais sério em relação aos sentimentos. Vã perspectiva. É impossível que alguém tome qualquer decisão, não importa que cargo ocupe em pessoas jurídicas de direito público ou em escalões governamentais, sem estar movido por afetos.

Daí a conclusão última de que o Estado igualmente não é neutro, na medida em que é dirigido por seres humanos repletos de sentimentos. Nem pode ser diferente. O Estado não é fruto racional do ser humano. Tenta-se dar tal impressão quando se toma uma decisão, mas evidente está que os afetos ditam as decisões.

Quem pratica os atos estatais são pessoas investidas em funções ou cargos públicos. Seres humanos que se apresentam com todos os seus defeitos e virtudes. Após a tramitação regular necessária para a emanação do ato ou para decisão tomada de imediato, carregam os afetos inerentes a cada pessoa humana.

Não há que falar em Estado racional ou racionalidade da administração pública (a burocracia a que se refere Max Weber). Isso porque, embora a estrutura possa ser escalonada ou organizada de forma a evitar qualquer subjetivismo dos agentes públicos, é inevitável que haja sentimentos na origem de seus impulsos e sentimentos. É algo inafastável do ser humano.

Postulam alguns autores o direito autônomo calcado nas seguintes ideias: a) há um ponto único de concentração de todas as soluções comportamentais por meio da *norma*; b) esta dá coesão interna ao sistema; c) o sistema só pode ser compreendido segundo uma dinâmica interna; d) haveria um universo social resistente às pressões externas, "por força da violência simbólica legítima cujo monopólio pertence ao Estado e que se pode combinar com o exercício da forma física".[134] O legislador edita a norma, o administrador a executa e o Judiciário a controla.

Juristas entendem que o trabalho de racionalização e formalização é submetido a princípios e normas que asseguram a coerência interna do sistema. Só que, como pondera Bourdieu, "o direito é a forma por excelência do discurso atuante, capaz, por sua própria força, de produzir efeitos. Não é demais dizer que ele *faz* o mundo social, mas com a condição de se não esquecer que ele é feito por este".[135]

---

134 Bourdieu, 2007, p. 211.

135 Ibid., p. 237.

Vê-se que o direito não tem autonomia em relação a outros saberes. É autônomo apenas no sentido normativo (mesmo aí há divergência e confrontação entre os autores que buscam entender que tipo de norma prevalece e quais aquelas que podem ser editadas e que valor possuem). Privativa do Estado é a produção da norma. Estado não é norma. É também norma, sem esquecer que todas são instituídas para disciplinar a sociedade. Esta é plural, prenhe de significados, de ideologia, de ações e omissões, de conflitos, de lutas, que não cabem na produção normativa.

Talvez se possa pensar na *vigência, eficácia e validade* da norma como atributos do direito. A norma entra em vigor tão logo promulgada e publicada; imediatamente produz efeitos e vale se for compatível com a norma hierarquicamente superior, em relação vertical de produção.

O mais é um mar imenso de sentimentos e afetos.

Wittgenstein tentou criar um mundo apenas linguístico. Diz que o mundo é tudo o que ocorre, mas "a totalidade das proposições é a linguagem". Afirma que a linguagem é um "traje que disfarça o pensamento" e o pensamento "é a proposição com sentido".[136]

Se a linguagem tem um limite incidente sobre tudo que ocorre, e o que não se sabe não pode ser traduzido em linguagem, "sobre aquilo de que não se pode falar, deve-se calar".[137]

O que o autor está dizendo é que só posso me comunicar através da linguagem e, se não tenho palavras para expressar alguma coisa que ocorre, tenho que me calar. Não está impondo

136 WITTGENSTEIN, Ludwig. *Investigações filosóficas.* São Paulo: Abril Cultural, 1979, p. 129; 155. Coleção "Os Pensadores".

137 Ibid., p. 261.

censura. Está simplesmente constatando que tudo que é *caso* tem por limite a linguagem.

Posteriormente, Wittgenstein reviu sua posição, mas deixou sua marca em relação à linguagem como instrumento de transmissão de pensamentos – e só ela.

Em suma, a investigação do autor procura desvendar o mistério do mundo por meio da linguagem, tal como o jurista busca um campo autônomo de incidência do direito, limitado à norma jurídica. Ambos fracassaram.

O que não se pode esquecer é que o *fenômeno*, tal como ocorrido na sociedade, é produto de um comportamento humano que chega ao intérprete com suas diversas facetas. Este capta o significado emitido e, após localizá-lo no tempo e no espaço, após atender às preconcepções, analisar a opinião de autoridades, poderá trazê-lo à consciência, subjetivá-lo e lhe dar uma interpretação. Depois, enquadrará o *fenômeno* na norma, afora já com sentido.

Evidente está que a linguagem não esgota o mundo. Aliás, o mundo não é apreensível em sua totalidade pela linguagem. Merleau-Ponty entende que há uma interação permanente e inexaurível entre corpo e mente. Os fenômenos são percebidos e transmitidos à mente que, imediatamente, sofre novo impacto da percepção, e por aí segue-se. Ele afasta o empirismo e o idealismo.

No prefácio da *Fenomenologia da percepção*, Merleau-Ponty afirma que:

> Fenomenologia é o estudo das essências, e todos os problemas, segundo ela, resumem-se em definir essências: a essência da per-

> cepção, a essência da consciência, por exemplo [...] retornar às coisas mesmas é retornar a este mundo anterior ao conhecimento do qual o conhecimento sempre *fala*, e em relação ao qual toda determinação científica é abstrata, significativa e dependente, como a geografia em relação à paisagem – primeiramente nós aprendemos o que é uma floresta, um prado ou um riacho. [...] [O mundo] está ali antes de qualquer análise que eu possa fazer dele [...] é não aquilo que eu penso, mas aquilo que eu vivo.[138]

Não importa, pois, partirmos de hipóteses e de pensamentos abstratos para focar o mundo. Ele está aí. Estamos em contato com ele a todo instante, ele está em frente a nós. Por isso, para efetuarmos qualquer análise dos comportamentos, antes é imprescindível termos tal conhecimento.

A apreensão do fenômeno leva à percepção de um de seus perfis e a transmissão à mente. O homem está inserido, então, no mundo e recebe as afecções dele a todo instante.

Diante da realidade vivida, o homem tem que se ver livre dos *simulacros*. Francis Bacon os analisou (a tradução brasileira fala em ídolos, mas preferimos falar em simulacros[139]. São situações que devemos afastar para interpretar de forma correta. Os *simulacros* que bloqueiam a mente humana são: a) os da tribo, b) os da caverna, c) os do foro e d) os do teatro. Analisemo-nos.

Os *simulacros* da *tribo* referem-se a crendices que aprendemos e que perduram na mente desde crianças (não podemos

---

138 MERLEAU-PONTY, 2011, p. 1; 4-5, 14.

139 BACON, Francis. *Novum Organum ou Verdadeiras indicações acerca da interpretação da natureza* (Coleção Os Pensadores). São Paulo: Nova Cultural, 1999, p. 40-41.

comer manga com leite). Os da *caverna* são os que nos perturbam enquanto indivíduos (crença em assombrações). Os do *foro* se devem ao contato com os demais seres humanos (conhecimento por ouvir dizer). Finalmente, os *simulacros do teatro* são aqueles que invadem o espírito do homem por filosofias inventadas, por mundos fictícios.

Diz Bacon:

> Os ídolos e noções falsas que ora ocupam o intelecto humano e nele se acham implantados não somente o obstruem a ponto de ser difícil o acesso da verdade, como, mesmo depois de seu pórtico logrado e descerrado, poderão ressurgir como obstáculo à própria instauração das ciências, a não ser que os homens, já precavidos contra eles, se cuidem o mais que possam.[140]

Para mantermos a mente livre de tais *simulacros* é que devemos atentar para tais obstáculos do raciocínio adequado e correto.

O homem não pode ficar preso a preconceitos ou pré-concepções. Deve se libertar das ideias pressupostas, dos conceitos que adquire pessoalmente ou junto à família ou mesmo na sociedade. Apenas liberto de tais *simulacros* é que pode pensar livremente e formar seu raciocínio e suas convicções.

Após a leitura de todos esses autores, podemos chegar às conclusões.

140 Ibid., p. 39.

CAPÍTULO VI

A PERCEPÇÃO, A INTERPRETAÇÃO. OS DIREITOS HUMANOS E O UNIVERSAL

6. A percepção

O até agora exposto muda a compreensão do fenômeno jurídico?

Expliquemo-nos. O mundo se expressa em linguagem. O direito não fica fora disso. A linguagem se expressa por palavras vagas (imprecisas) ou teoréticas (precisas) que não delimitam com exatidão os fenômenos sociais. A transmissão da ideia é sempre recheada de ideologia. Esta é inata, prenhe na vida de todos. Por certo, não fica fora do relacionamento humano. E a sua linguagem não esgota o mundo.

A linguagem é a expressão do ser humano. Este, embora racional, é tangenciado pelo mundo que o atinge a todo instante, seja por motivos externos naturais (frio, calor, chuva, terremotos, tsunamis etc.), seja por fatores externos humanos (reações dos outros, agressões, discussões, desencantos, desencontros etc.), ou por fatores internos (problemas psicológicos). O ser humano é, pois, um feixe de sentimentos que sofre todo tipo de ação natural ou humana e a ela reage, positiva ou negativamente.

A metalinguagem do direito, ao descrever o direito, não se restringe à mera descrição fática ou normativa. Abrange mais segmentos e manifestações do que tudo. Não é linguagem morta. A mente reconhece a si própria num primeiro momento. Identifica o objeto (corpo); a seguir, relaciona-se com o outro, em uma nova etapa. A partir daí apreende um dos ângulos do fenômeno (não mais apenas o ente ôntico, mas o ser ontológico) e passa a efetuar seu processamento. O *Dasein* é digerido pela mente que capta os perfis ou significados dele decorrentes. Faz-se, então, um juízo provisório.

A etapa seguinte consiste em indagar quais afetos despertaram a partir daquele momento e como eles influenciaram o conhecimento do fenômeno. Heidegger compreendeu o fenômeno vivido. Gadamer busca interpretá-lo e Lévinas o vê em frente ao rosto (do outro ou da sociedade).

Vale um parágrafo para afirmar que as apreciações marxistas se basearam exclusivamente no aspecto econômico (a denominada infraestrutura que influenciaria toda superestrutura). O centro é o fato econômico. O grande filósofo e economista não levou em conta outros aspectos do fenômeno, tanto quanto Heidegger igualmente não o analisou sob todos os seus ângulos.

Assim, o pensamento complexo é utilizado na seguinte extensão: nada pode ficar fora da configuração e apreensão do vivido. Há que fazer incidir sobre ele (fenômeno) todos os ramos do conhecimento imprescindíveis à plena compreensão do assunto tratado. Evidente que há um filtro: não necessito do conhecimento universal para apreender dado fenômeno. Nem se faz necessário fazer incidir sobre ele todos os ramos do conhecimento. A mente é seletiva e utiliza as ferramentas imprescindíveis para captar o fenômeno.

Abstrai-se do excesso de informações sobre um só objeto.

A partir daí estaremos qualificados para efetuar a análise do fenômeno, da forma como se nos apresenta. Partiremos para o esgotamento das etapas descritas por Gadamer.

Formada a convicção sobre determinado assunto da forma como nos chega, procedemos, aí sim, à verificação de quais sentimentos nele estão envolvidos. Os afetos, por serem absolutamente inerentes à complexidade do ser humano, não podem deixar de ser analisados. Todos devem ser levados em conta.

Somente após tais operações, estaremos aptos a ter uma apreensão segura e adequada. Não perfeita, mas a mais completa possível.

Não se pode dispensar nada, seja o fator econômico, seja o histórico, o momento vivido e, por fim, as afecções presentes nos atores sociais envolvidos no fenômeno.

Não se pode, igualmente, desconhecer ou ignorar a norma, imprescindível na análise do *fato* jurídico, mas nela não se resolve.

A atenção do intérprete debruça-se sobre o *fenômeno*, indaga sobre o fator história em que foi produzido, investiga se há opiniões de grandes intérpretes anteriores, analisa preconcepções, transmite à mente o perfil detectado. Fica-se, assim, com uma *impressão* sobre o assunto.

No direito, trata-se sempre de apenas uma *interpretação* entre quantas outras possíveis. Mas, para consolidá-la, é essencial analisar os impulsos, as pulsões, os afetos que alcançaram o intérprete ou o aplicador da norma. Apenas então, chega-se a uma compreensão do fenômeno jurídico.

6.1. Existem princípios? Pode-se falar em direitos humanos como supradireito?

Surge, aqui, um problema de difícil solução. As normas identificam-se pela abstração e generalidade de suas previsões em suas hipóteses. Ocorre que as normas retratam *princípios* encampados na Constituição. O direito liga-se à ética, ou seja, o valor da ação humana. E os *valores*, trazidos ao mundo normativo, são incorporados à sociedade. Não apenas, porém, os que estão na norma, pois há outros, embora não consolidados, mas existentes na sociedade.

Quando os valores entram em conflito, surgem problemas hermenêuticos. Tais embates ocorrem, por exemplo, na discussão sobre o aborto, o casamento homossexual, os limites da liberdade de manifestações culturais, entre outros. O que prevalece?

Como se vem dizendo, os *fenômenos* surgem e são captados por perfis.

Nesse sentido, não se pode falar em princípios ou valores universais. Os primeiros seriam pressupostos universais que definiriam essências de uma sociedade civilizada e inseridos em uma ordem jurídica. Os segundos seriam padrões sociais aceitos e mantidos por um grupo ou pela sociedade relacionados ao meio-ambiente onde se vive. Ambos, como se vê, são gerais e abstratos, e dependem de fatores instáveis, movediços, religiosos ou ideológicos. Não existem *a priori.*

Daí, não poder existir prevalência teórica de um sobre o outro. São conceitos fluidos e utilizados politicamente. Fala-se em *vida, direitos humanos, liberdade, igualdade* como valores eternos.

Mas eles se relativizam, por exemplo, perante a vida na selva, a vida na guerra e na sociedade. Para garantir que exista liberdade é imprescindível a existência de uma norma vigorante que garanta o indivíduo contra os abusos da autoridade. Para tanto, ele só consegue saber que existe a liberdade se uma autoridade competente, mediante um procedimento adequado, estabelecer que ele não pode sofrer constrangimento.

Para constatar a existência de um *direito humano,* tenho que analisar a concretude do fenômeno, apreendê-lo em sua existência, esclarecê-lo à luz do regramento jurídico vigente e garanti--lo por meio de um procedimento e uma decisão proferida por autoridade competente que assim decida.

Para garantir a igualdade, tenho que me apresentar perante uma autoridade, dar-lhe fundamentos para tanto, ouvir demais interessados e submeter-me à solução que será dada.

Assim, desconstrói-se o confronto entre *princípios* e *regras* e entre *princípios* e *valores.* A interpretação só é possível diante do fato concreto. Ainda que sejam levados em conta princípios e valores em julgamentos, o que vale é a percepção do perfil fenomenológico por parte do julgador.

As *declarações de direito* apenas nos informam sobre o homem na sociedade, quando deixa de ser consciência-de-si para se tornar consciência coletiva. Isso ocorre quando alguém se insere em outra ordem, não mais eivada de subjetivismo, mas relacional. Garante-se assim o ingresso em outro mundo, mas há exceções. Só quando ocorre a ruptura do comportamento de alguém em relação a outrem é que se irá verificar qual norma foi atingida. Procura-se, então, a compensação por aquilo que foi danificado (qualquer valor inserido na norma).

Os princípios são valores abstratos. Define Robert Alexy: *"los princípios son normas que ordenam que algo se realice en la mayor medida posible, de acuerdo com las posibilidades fácticas y jurídicas"*.[141] De acordo com Alexy, os princípios são mandados de otimização, que só podem ser cumpridos na dependência das possibilidades fáticas e jurídicas.

Alexy discorre sobre a *lei de colisão*, segundo a qual cada princípio terá prioridade sobre o outro dependendo das condições em que o evento se realize. Não há relações de precedência, ou seja, a incidência ou prevalência de dado princípio depende do *fenômeno.*

Com bastante pertinência, Roger-Pol Droit, embora reconheça os conflitos dos princípios, esclarece que:

> Grupos diferentes defendem princípios distintos [...] Suas convicções religiosas, filosóficas ou políticas fazem com que uns e outros não tenham o mesmo sistema de valores. Assim, alguns acharão que determinada experiência deve ser proibida, enquanto outros pensarão, ao contrário, que deve ser autorizada.[142]

É exatamente isso que estamos explicando. Convicções são colidentes e excludentes. No caso do aborto, por exemplo, entram em conflito valores de vida do feto e da liberdade da mãe que quer expeli-lo. A intimidade da mulher está em jogo em

141 ALEXY, Robert. *Tres escritos sobre los derechos fundamentales y la teoria de los princípios*. Un. Externado de Colombia, 2003, n. 28, p. 95.

142 DROIT, Roger-Pol. *Ética*. São Paulo: Martins Fontes, 2014, p. 83.

face daquele que pode vir a nascer. Há um confronto que não se resolve em teoria, mas diante do empírico da vida.

Segue-se a distinção aristotélica de *justiça distributiva* (repartição da honra ou riqueza e de tudo o mais pelos membros da comunidade). Essa regra baseia-se no mérito. Mas, sabidamente, o mundo é desigual. Não é assim que as coisas ocorrem. Outra faceta é a *justiça corretiva*, que restitui as partes ao estado anterior a uma lesão ou efetua a reparação do mal causado. É o julgador que assim procede. Observa-se, pois, que é sempre um ato concreto que efetua a aplicação do que é justo.

As leis, pois, disciplinam a conduta humana e estabelecem a reação da ordem jurídica diante de uma infração. Para que servem, então, as *declarações de direitos?* Simplesmente retratam o conteúdo ético em determinado momento histórico. Como diz Giorgio Agamben:

> É chegado o momento de cessar de ver as declarações de direitos como proclamações gratuitas de valores eternos metajurídicos, que tendem (na verdade com muito sucesso) a vincular o legislador ao respeito pelos princípios éticos eternos, para então considerá-las de acordo com aquela que é a sua função histórica real na formação do moderno Estado-nação.[143]

As declarações inscrevem a "vida natural na ordem jurídico-política do Estado nação". É o que legitima sua soberania. Elas têm, então, função histórica de consolidação dos direitos. Ocorre

143 AGAMDEN, Giorgio. *Homo sacer*: o poder soberano e a via nua. 2ª ed., Belo Horizonte: UFMG, 2010, p. 124.

que, ainda segundo Agamben, as declarações dos direitos sagrados e inalienáveis do homem "demonstraram-se absolutamente incapazes não só de resolver o problema, mas até simplesmente encará-lo de modo adequado".[144]

O que impende observar é que os *direitos humanos* padecem de conteúdo específico para servir de garantia a qualquer direito que possa ser invocado. Em primeiro lugar, tem que estar inscrito no rol dos direitos fundamentais. Em segundo, como diz Giacomo Marramao, o adjetivo *humano* é "termo-recipiente genérico suscetível de acolher conteúdos diferentes, seja com base nos períodos históricos, seja com relação aos contextos culturais".[145]

A afirmativa tem razão de ser. É que em diferentes épocas, seres humanos os mais distintos entraram em contato entre si. Dentre eles estavam os *diferentes*, ou seja, índios, ciganos, escravos (em períodos dos conflitos humanos), incapazes de toda ordem, negros, judeus (em determinado momento histórico), homossexuais. De outro lado, está a diferença de língua, de credo religioso, de etnia. Enfim, de todas as desigualdades possíveis. Será possível reunir todos os *iguais* e *desiguais (ou diferentes)* num mesmo rótulo?

Mesmo na Grécia democrática, havia os cidadãos e as mulheres, escravos, menores e estrangeiros, que eram afastados da *polis*.

Observa-se que não se pode rotular os direitos humanos. É que uma parcela da comunidade humana sempre fica fora de seu

---

144 Ibid., p. 124; 130.

145 MARRAMAO, Giacomo. *Universais em conflito:* identidade e diferença na era global. Belo Horizonte: Conhecimento, 2018, p. 23.

abrigo. Nas guerras, o sintagma é utilizado por ambos os lados. Os Estados utilizam-no de acordo com conveniências políticas.

Vê-se, assim, que a validade da norma jurídica não significa que será aplicada ao caso concreto. O direito apenas adquire vida na medida de sua aplicação. É o *fenômeno* que deflagrará todo o aparato burocrático do julgador para incidir sobre ele. É como *potência* e *ato*. A norma é a potência. A deflagração dos efeitos é o ato. Assim, a lei é mera *vigência*. Sua *eficácia* só surge no momento da aplicação.

Como interpretar uma palavra vaga ou como interpretar um *princípio?* Só é possível interpretá-los à luz do caso concreto. Os denominados princípios, ou valores incorporados ao ordenamento normativo, apenas servem de instrumento argumentativo. A paráfrase pode nos levar a lugar seguro, mas é submissa à análise do vivido, do em-si, da situação concreta.

Podemos nos valer de todos os métodos de interpretação hoje consolidados[146]. Ocorre que estão superados, exceto como critérios de compreensão teórica dos diversos métodos. Eles não respondem aos problemas atuais. O que importa é debruçar-se sobre a sociedade de hoje e os critérios apontados não oferecem resposta.

O que vale é estar na situação concreta quando se pretende analisar direitos vagos. Tem-se por direitos humanos, por exemplo, o que está definido no texto escrito da Constituição. Estão estatuídos, arrolados e catalogados como tais. Só teremos compreensão das dificuldades práticas de sua aplicação quando da concreção do *fenômeno*.

---

146 FERRAZ JUNIOR, Tércio Sampaio. *Introdução ao estudo do direito*. 4ª ed., 2003, cap. 5.

Invoca-se um direito humano para respaldar determinada situação empírica. Os denominados direitos fundamentais estão previstos em normas geral e abstrata, conteúdo aberto que irá proteger o indivíduo dos ataques do Estado e dos indivíduos. Como valores existentes na sociedade, em determinado momento histórico, têm validez e vigência, mas, quando suscitados, demandam interpretação.

O que surge é que não mais se aceita uma interpretação histórica, gramatical, sistemática, pragmática, sociológica ou sob qualquer outro aspecto formal ou artificial. É inadmissível abandonar, em primeiro lugar, o *perfil do fenômeno*, e, em segundo, o valor incorporado na sociedade no momento histórico de sua análise. Nada está solto no mundo. Suas conexões e interações são permanentes, ensejando um pensamento complexo.

O que se afirma é que os princípios de nada servem para a interpretação jurídica, se não estiverem em plena comunhão com os demais fatores apontados. Falar em princípios apenas tem razão no discurso político. Ao sopesar valores, e sem fazer abstração da ideologia, cabe ao jurista levar em conta o que está, efetivamente, em curso no seio da sociedade.

Sem isso, tudo o mais se reduz a uma pantomima que a história não perdoará.

REFERÊNCIAS BIBLIOGRÁFICAS

AGAMBEN, Giorgio. *O tempo que resta*. São Paulo, Autêntica, 2016.

AGAMBEN, Giorgio. *Homo sacer: o poder soberano e a vida nua*. 2ª ed. Belo Horizonte: UFMG, 2007.

ALEXI, Robert. *Tres escritos sobre los derechos fundamentales y la teoria de los princípios*. Um. Externado de Colombia, n. 28, 2003.

AQUINO, Tomás. *Suma teológica (vol. II)*. São Paulo, Loyola, 2006.

ARISTÓTELES. *Ética a Nicômaco*. São Paulo: Atlas, 2009.

______. *Retórica*. São Paulo: Edipro, 2013.

BADIOU, Alain. *Que signifie 'changer le monde*. França: Fayard, 2017 (seminaire).

BAKHTIN, Mikhail. *Marxismo e filosofia da linguagem*. 14ª ed. São Paulo: Hucitec, 2010.

BERLIN, Isaiah. *Maquiavel*. Fundação Projeto Rondon (sem ano de edição).

BOBBIO, Norberto. *Teoria do Ordenamento Jurídico*. 10ª ed. Brasília: UNB, 1997.

______. *Teoria da norma jurídica*, 5ª ed. São Paulo: Edipro, 2014.

BORDIEU, Pierre. *O poder simbólico*. 11ª ed. Rio de Janeiro: Bertrand Brasil, 2007.

CARRIÓ, Genaro A. *Notas sobre derecho y lenguaje*. ed. Buenos Aires: Abeledo-Perrot, 1973.

CÍCERO. *Da natureza dos deuses*. Lisboa, Veja, 2004.

DAMÁSIO, Antonio. *O erro de Descartes*. São Paulo: Cia. das Letras, 2010.

DAMASIO, Antonio R. *L'ordre étrange des choses – la vie, les sentiments e la fabrique de la culture*. Paris: Odile Jacob, 2017.

DESCARTES, René. *Meditações metafísicas*. São Paulo: Martins Fontes, 2005.

______. *As paixões da alma*. São Paulo: Lafonte, 2017.

DROIT, Roger-Pol. *Ética*. São Paulo: Martins Fontes, 2014.

ELIADE, Mircea. *Imagens e símbolos*. São Paulo: Martins Fontes, 2012.

ENGISH, Karl. *Introdução ao pensamento jurídico*. 3ª ed. Lisboa: Fundação Calouste Gulbenkian, 1964.

FREUD, Sigmund. *O mal-estar na civilização*. Rio de Janeiro: Imago, vol. XXI, 1996.

GADAMER, Hans-Georg. *Verdade e método*. 15ª ed. Petrópolis: Vozes, 2009.

HUME, David. *Investigações sobre o entendimento humano e sobre os princípios da moral*. São Paulo: Unesp, 2004.

JÚNIOR, Tércio Sampaio Ferraz. *Conceito de sistema no direito*. ed. RT, 1976.

HEIDEGGER, Martin. *Ser e tempo*. Petrópolis: Vozes/Unicamp, 2014.

HOBBES, Thomas. *Leviatã*. São Paulo: Ícone, 2000.

HOSPERS, John. *Introducción al análisis filosófico*. Buenos Aires: Macchi, 1961.

HUME, David. Tratado da natureza humana. 2ª ed. São Paulo: Unesp, 2009.

HUSSERL, Edmund. *Meditações cartesianas*. São Paulo: Madras, 2001.

______. *A ideia da fenomenologia*. São Paulo: Edições 70/Almedina, 2015.

KANT, Emmanuel. *Doutrina do direito*. 2ª ed. Bauru: Edipro, 2008.

KANT, Emmanuel. *A metafísica dos costumes*. Bauru: Edipro, 2003.

KELSEN, Hans. *Teoria pura do direito*. 3ª ed. Coimbra: Armênio Amado, 1974.

LAÉRCIO, Diógenes. *Vida e doutrina de filósofos ilustres*. Brasília: Unb, 2008.

LEVINAS, Emmanuel. *Totalidade e infinito*. São Paulo: Edições 70, 2008.

LIMA, Vaz. *Antropologia filosófica*. 7ª ed. Rio de Janeiro: Loyola, 2004.

MACHADO, Hugo Brito. *Introdução ao estudo do direito*. 4ª ed. São Paulo: Atlas, 2003.

MARCUSE, Herbert. *Cultura e sociedade*. São Paulo: Paz e Terra, 2006.

______. *Eros e civilização: uma interpretação filosófica do pensamento de Freud*. 8ª ed. Rio de Janeiro: LTC, 2009.

MARRAMAO, Giacomo. *Universais em conflito – identidade e diferença na era global*. Belo Horizonte: Conhecimento, 2018.

MARTINO, Antonio Anselmo. *Lenguaje y definición jurídica*. Buenos Aires: Cooperadora de derecho y ciencias sociales, 1973.

MAXIMILIANO, Carlos. *Hermenêutica e aplicação do direito*. 5ª ed. São Paulo: Forense/Grupo Gen, 1951.

MERLEAU-PONTY, Maurice. Fenomenologia da percepção. São Paulo: Martins Fontes, 2011.

MORIN, Edgar. *Introdução ao pensamento complexo*. 4ª. ed. Porto Alegre: Sulina, 2011.

NASCIMENTO, Elimar Pinheiro. *O pensar complexo: Edgar Morin e a crise da modernidade*. Pernambuco: Garamond Universitária, 1999.

NIETZSCHE, Friedrich. *Genealogia da moral*. Petrópolis: Vozes, 2009.

OLIVEIRA, Regis Fernandes de. *Indagação sobre os limites da ação do Estado*. São Paulo: RT, 2015.

RICOEUR, Paul. *Le conflit des interpretations*. Paris: Éssais d'hermeneutique, Éditions Du Seuil, 2013.

SANTI ROMANO. *Fragmentos de um dicionário jurídico*. Buenos Aires: Europa-América, 1964.

SARTRE, Jean Paul. *Esboço para uma teoria das emoções*. Porto Alegre: L&PM Pocket, 2009.

______. *O ser e o nada*. 18ª ed. Petrópoles: Vozes, 2009.

SCHOPENHAUER, Arthur. *O mundo como vontade e representação*. São Paulo: Unesp, 2005.

SMITH, Adam. *Teoria dos sentimentos morais*. São Paulo: Martins Fontes, 2002.

SÓFOCLES. *Antígona*. Porto Alegre: L&PM Pocket, 2001.

SPINOSA, Benedictus. *Ética*. Belo Horizonte: Autêntica, 2009.

PENA-VEJA, Alfredo. *O pensar complexo*: Edgar Morin e a crise da modernidade. Rio de Janeiro: Garamond Universitária, 1999.

VILANOVA, Lourival. As estruturas lógicas e o sistema de direito positivo. São Paulo: RT, 1977.

ZIZEK, Slavoj. *A visão em paralaxe*. São Paulo: Boitempo, 2008.

WARAT, Luis Alberto. *Lenguage y definición jurídica*. Buenos Aires: Cooperadora de derecho y ciencias sociales, 1973.

WITTGENSTEIN. *Tractatus lógico-philosophicus*. 3ª ed. São Paulo: Edusp, 2017.

______. *Investigações filofósicas*. Coleção "Os pensadores". São Paulo: Abril, 1979.

SOBRE O AUTOR

Régis Fernandes de Oliveira é professor titular aposentado da Universidade de São Paulo (USP). Foi juiz de carreira e desembargador no Tribunal de Justiça do Estado de São Paulo e é autor de livros de Filosofia, Ciência Política e Direito. Atualmente, leciona temas – inquietantes – como "O orçamento como instrumento de felicidade e dominação", "Direito e jogo de azar" e "Direito e arte" em cursos de pós-graduação da USP. No âmbito político, foi prefeito interino de São Paulo.

É autor dos romances *O desterro é o destino*, *Somos todos órfãos* e *As águas não são impetuosas*, publicados pelo Grupo Novo Século, entre outros.

fontes
Adobe Caslon Pro
Myriad Pro

@novoseculoeditora
nas redes sociais

gruponovoseculo
.com.br